AMRA

Gabriel Magma

VERLIERER AUF ERDEN, GEWINNER IM HIMMEL

Warum mein katastrophales Leben in Wahrheit extrem erfolgreich war

(und was es mit der Inkarnation wirklich auf sich hat)

Vorwort von Pavlina Klemm

Aus dem Englischen von
Miriam Mabée

AMRA

Besuchen Sie uns im Internet:
www.AmraVerlag.de

Ihre 80-Minuten-Gratis-CD erwartet Sie.
Unser Geschenk an Sie … einfach anfordern!

Nach der englischen Buchvorlage:
Loser On Earth, Winner In Heaven.
Unveiling the Mysteries of Incarnation

Deutsche Erstausgabe im AMRA Verlag
Auf der Reitbahn 8, D-63452 Hanau
Hotline: + 49 (0) 61 81 – 18 93 92
Service: Info@AmraVerlag.de

Herausgeber & Lektor	Michael Nagula
Umschlaggestaltung	Guter Punkt
Coverdesign	Richard Crookes
Layout & Satz	Birgit Letsch
Druck	CPI Books GmbH

The original Spanish edition was published under the title *Por que decidiste encarnarte.* Licensed from Findhorn Press, Scotland, The Park, Forres IV36 3TE, United Kingdom.

ISBN Printausgabe 978-3-95447-273-4
ISBN eBook 978-3-95447-274-1

Inhalt

Den Wesen gewidmet, die auf uns achtgeben,
uns inspirieren und leiten,
auch wenn wir sie nicht wahrnehmen.

Liebe Leserinnen und Leser,

ich grüße euch und möchte euch an dieser Stelle, bevor ihr mit dem Lesen von Matts Geschichte beginnt, einige Gedanken mitgeben, die ich mit dem vorliegenden wundervollen Buch von Gabriel Magma verbinde.

Im Grunde stehe ich selbst täglich in Kontakt mit Lichtwesen, und die Existenz der Lichtwelt ist für mich eine Selbstverständlichkeit. Nie habe ich an der Wahrhaftigkeit und Existenz der Lichtwelt gezweifelt. Aber auch wenn die Kommunikation mit Lichtwesen für mich schon eine relativ normale Angelegenheit ist, wurde mir bei meiner Ankunft auf diesem Planeten doch der Schleier des Vergessens mitgegeben – die willentlich herbeigeführte Unwissenheit gegenüber meiner lichtvollen Heimat, damit ich die jetzige Inkarnation für mein persönliches Wachstum und für das Sammeln verschiedenster Erfahrungen auf dieser irdischen Welt nutzen kann.

Das Leben auf diesem Planeten bereitet mir große Freude, das könnt ihr mir glauben, aber natürlich hat es mir auch schon die unterschiedlichsten Erfahrungen beschert, die nicht immer so freudvoll und angenehm waren.

Früher, als ich die Zusammenhänge zwischen der irdischen und der himmlischen Welt noch nicht ganz verstand, habe ich mich oft gefragt, was im Leben denn eigentlich Sinn macht und warum gerade ich Situationen durchleben musste, die für meine

Seele mehr als schmerzhaft waren. Warum musste ich Situationen hier auf der Erde erleben, die ich mir freiwillig bestimmt nicht ausgesucht hätte. Ich dachte dann, so wie ihr alle, über die Sätze nach, die ich von der älteren Generation gehört hatte – Sätze wie: »Was dich nicht umbringt, macht dich bloß stärker«, »Gottes Mühlen mahlen langsam, aber still« oder »Eines ist sicher – hier kommt keiner lebend raus«. Ich habe oft über diese Sätze nachgedacht.

Sie zeigen, dass wir in diesem Leben funktionieren sollen. Das haben wir nämlich alle gelernt: zu funktionieren. Wir nehmen das als selbstverständlich hin und schreiten auf dem Weg unseres Lebens dahin. Und die meisten beginnen erst ihr eigenes Leben und ihre eigene Gesundheit wertzuschätzen, wenn sich die Lebenszeit mancher ihrer Liebsten dem Ende zuneigt. Dann beschäftigen wir uns plötzlich mit Fragen, die unsere Existenz betreffen, mit Fragen nach einem höheren Sinn. Augenblicklich stehen wir still in unserem Hamsterrad und fangen an nachzudenken.

Wenn unser geliebter Mensch in höhere Sphären gegangen ist, beginnen wir uns dafür zu interessieren, wie es ihm dort geht. Kann er uns weiterhin wahrnehmen? Ist sein Leben nach seinem Tod endgültig vorbei, und wenn nicht, wo befindet sich seine Seele? Wird seine Seele beschützt? Fühlt sie sich einsam?

Wenn ihr dieses Buch lest, das ihr gerade in Händen haltet, bekommt ihr unzählige Antworten auf eure Fragen, auch zur Suche nach dem höheren Sinn eurer persönlichen Existenz – der irdischen wie der lichtvollen Existenz. Das alles und sehr viel mehr findet sich in Gabriels beeindruckender Geschichte, und ich für meinen Teil habe jedenfalls eine gewaltige Menge an Parallelen gefunden, die zu einhundert Prozent meiner eigenen Kommunikation mit den Lichtwesen entsprechen.

Der junge Matt ist der Motor dieser Geschichte, ein erfolgloser Musiker, der zunächst ein bewegtes Leben hier auf der Erde führt. Wir erfahren, wie er dieses Leben sieht, wie er es verstand und wie er es *jetzt* versteht. *Jetzt* heißt nach seinem Tod, denn das Überraschende an diesem Buch ist: Er erzählt seine Geschichte *nach* seinem Tod, aus seiner höheren Perspektive heraus, der Perspektive eines erweiterten Bewusstseins.

Ganz recht, der Erzähler ist gestorben – so viel darf ich vorwegnehmen – und nach dem Fortgang seiner Seele aus seinem Körper begegnet er augenblicklich seinen Lichtbegleitern, die ihm unterschiedlichste Dimensionen der lichtvollen Existenz zeigen. Ihm werden Räume und Gegenstände gezeigt, die aus Licht bestehen. Er begreift, dass *alles* aus Licht, Klängen und Formen besteht. Ihm wird gezeigt, dass in der Lichtwelt keine physischen Grenzen bestehen und alles mit dem höheren Bewusstsein verbunden ist.

Kein Wesen und keine Entität fühlt sich dort jemals allein. Alles ist in Liebe und Licht verbunden.

Matt erhält die Möglichkeit, dem Teil seiner Seele zu begegnen, der in der Dimension der Ewigkeit geblieben ist. Und nicht nur das, er begegnet auch Seelenanteilen von Mitgliedern seiner irdischen Familie und kann mit ihnen alle Pläne besprechen, die sie gemeinsam detailliert im menschlichen Himmel vor der Ankunft auf der Erde geschmiedet haben!

Ihm wird wirklich und wahrhaftig der höhere Sinn des Lebens auf diesem Planeten erklärt.

Aber die wichtigste Sache für das menschliche Wachstum, die ihm mitgeteilt wird, ist identisch mit dem, was alle menschlichen Seelen, mit denen auch ich kommuniziere, mir immer wieder mitteilen: Vergebung herbeiführen … Vergebung gegenüber anderen und gegenüber sich selbst.

Jeder von uns, der sich entschieden hat, auf diesem Planeten zu inkarnieren, war vor allem sehr mutig. Er entschied sich, hier zu wirken und eine enorme Menge an karmischen Angelegenheiten zu verarbeiten. Das hat vieles mit sich gebracht, für das wir uns ständig verurteilen. Wir machen uns Vorwürfe, dass wir in bestimmten Situationen gescheitert sind … und das müssen wir uns vergeben. Immerhin hat jede Situation zu unserem persönlichen Wachstum eines erweiterten Bewusstseins beigetragen.

Der Planet Erde ist ein Planet, auf dem wir lernen dürfen, auf dem wir uns entwickeln dürfen und auf dem uns die Kunst beigebracht wird, uns selbst zu lieben!

Es geht darum, dass wir in uns Selbstliebe finden, denn dann finden wir auch mehr Liebe für den Nächsten in uns. Wir lernen, seine reinste Essenz zu sehen, wir hören auf zu urteilen – und dadurch befreien wir uns alle gegenseitig.

Gabriel Magma, der dieses Buch schrieb, hat unglaublich viel Liebe und Mühe für die Details aufgewendet. Er hat bis ins Kleinste aufgeschrieben, wie die Lichtwelt und ihre Gesetzmäßigkeiten funktionieren. Es scheint seine Lebensaufgabe zu sein, seiner Figur namens Matt Leben einzuhauchen, indem er deren Lebensaufgabe beschreibt – nach ihrer Rückkehr in die himmlischen Sphären. Er lässt sie ihre postmortalen Erlebnisse niederschreiben und gewährt auf diese Weise Menschen, die sich für die höhere Essenz der Existenz interessieren, einen Einblick … Er vermittelt ihnen Wissen über die Unendlichkeit der menschlichen Seele. Und das auf die beeindruckendste Weise!

Jeder Leser wird verstehen, dass die Rückkehr der Seele in den menschlichen Himmel eine Verbindung mit allem Lichtvollen und Liebevollen schafft. Viele Leser werden nach der

Lektüre sicher die Angst davor verlieren, nach ihrem Tod verurteilt zu werden. Jedes menschliche Wesen verantwortet seine Taten selbst und kann im menschlichen Himmel einen erneuten Blick auf sie werfen, aber damit ist kein Schrecken verbunden, denn es geschieht in Liebe und dient dazu, den Weg seines Wachstums zu verstehen.

Nun lasst euch, liebe Leserinnen und Leser, durch die Lichtwelt führen. Durch ihre Gesetzmäßigkeiten, ihre Vielfalt und ihre Unendlichkeit.

Ich wünsche euch viel Freude bei den unglaublichen Erfahrungen eines Menschen, der sich entschieden hat, uns nach seinem Tod von seinen Abenteuern in seinem physischen Körper auf diesem Planeten namens Gaia zu berichten.

In Liebe und Hochachtung!

Pavlina

Pavlina Klemm, geboren in Tschechien, lebt und arbeitet als Heilerin und Channelmedium in der Nähe von München. Sie ist ausgebildet in Quantenheilung, Reconnective Healing nach Eric Pearl und neuer Homöopathie nach Körbler, in russischen Heilmethoden und durch Doreen Virtue. Seit ihrer Kindheit steht sie in Kontakt mit der geistigen Welt. Sie ist die Autorin der *Lichtbotschaften von den Plejaden*, einer Bestsellerreihe aus bisher sieben Büchern und zehn CDs, sowie des aktuellen Bestsellers *Heilsymbole & Zahlenreihen*, eines Arbeitsbuches für Heiler, das auch als Kartendeck vorliegt.

Einleitung

Die Entscheidung zur Menschwerdung

Der Tod tut nicht weh. Die meisten Menschen stellen sich den Tod als etwas Schreckliches vor, aber er ähnelt eher dem Gefühl einzuschlafen.

Ich weiß es, weil ich gestorben bin.

Und als ich starb, kam ich zu dem Schluss, dass das, was wirklich wehtut, das Leben ist.

Aber das war uns ja schon vorher bekannt, auch dir. Du wusstest es, ehe du inkarniertest. Und doch hast du dich dafür entschieden, hierher zu kommen. Vermutlich empfindest du es als ein bisschen geschmacklos, wenn ich dir sage, dass du freiwillig zur Erde kamst, statt im ewigen Frieden des Himmels zu bleiben.

Doch ich bin davon überzeugt, dass meine Geschichte dir dabei helfen wird, deine Ansichten darüber zu ändern. Meine Geschichte ähnelt nämlich deiner, auch wenn du dich nicht mehr an die eigene Geschichte erinnern kannst …

1

Der Tunnel

Du hast davon gehört, was beim Sterben geschieht: Du verlässt deinen Körper, ein Engel hebt dich empor und führt dich durch einen Lichttunnel.

Manchen Menschen ist gar nicht klar, dass sie gestorben sind, aber ich hatte nicht den geringsten Zweifel daran. In dem Moment, als ich meinen Körper verließ, fühlte ich mich wunderbar leicht. Ich befand mich immer noch in der U-Bahn-Station in Liverpool, wo ich gestorben war, doch ich fühlte mich so glücklich und frei wie der Graf von Monte Christo, als er dem Gefängnis entkam.

Als ich merkte, dass mein Körper auf dem Boden lag, umgeben von verstörten Pendlern, wusste ich, dass ich tot war. Es war zwar nicht schwer zu begreifen, dass ich gestorben war, aber trotzdem verwirrend, denn ich fühlte mich lebendiger denn je.

Während ich dies alles zu verarbeiten versuchte, unterbrach mich eine Lichtgestalt, die mir seltsam vertraut vorkam. Die untere Hälfte ihres Körpers war nur verschwommen zu sehen, aber ich erkannte, dass zwei Lichtstrahlen von ihrem Rücken ausgingen.

»Matt, ich bin Jeremiah, dein Schutzengel. Erinnerst du dich an mich?«

»Hast du gerade Schutzengel gesagt?«, fragte ich.

»Ja, du hast richtig gehört. Ich bin Jeremiah und habe seit deiner Geburt über dich gewacht.«

»Oh, alles klar. Aber du warst längere Zeit in Urlaub, stimmt's? Ehrlich gesagt hätte ich hier nämlich ein bisschen Hilfe brauchen können.«

»Ich bin immer an deiner Seite gewesen und habe dir geholfen. Auch wenn du mich nicht oft gebraucht hast. Du bist doch recht gut allein zurechtgekommen.«

»He, das ist wohl ironisch gemeint, wie?«

»Wenn wir den Lichttunnel durchschreiten, kannst du auf dein Leben zurückblicken. Und dann wirst du verstehen, wie außergewöhnlich dein Leben verlaufen ist. Auf der anderen Seite warten alle mit offenen Armen auf dich.«

»Im Augenblick möchte ich mich eigentlich nur von meiner Familie verabschieden.«

»Du kannst es versuchen, aber sie werden dich nicht sehen oder hören können. Ich schlage vor, dass du zunächst den Himmel aufsuchst und später hierher zurückkehrst und deine Familie besuchst, wenn sie wieder inneren Frieden gefunden hat. Dann wird sie deine Gegenwart spüren können.«

»Ich werde keine Rückschau auf mein Leben halten. Und ich will auch nicht, dass es jemand anderes tut.«

»Niemand wird über dich richten, Matt. Außerdem gibt es so vieles, auf das du stolz sein kannst – viel mehr, als du dir zugestehst. Bitte erlaube mir, dich durch den Tunnel zu führen.«

»Du willst mich wohl verarschen. Ich weiß, wie mein Leben verlaufen ist.«

»Dort, wo ich herkomme, ist es verboten, andere hinters Licht zu führen. Vertrau mir. Glaube mir, dass du keine Ahnung hast, wie wichtig dein Leben gewesen ist.«

Mein Leben war so offensichtlich verschwendet gewesen, dass seine Worte mich fast beleidigten.

»Warte mal«, sagte ich. »Ich glaube, du hast den falschen Matt erwischt. Ich bin der Musiker.«

»Ich habe dein Leben seit deiner Geburt verfolgt. Mir ist klar, dass du mir nicht glaubst, aber dein Leben ist für viele andere Seelen, die inkarnieren möchten, beispielhaft.«

Als ich ihn so reden hörte, fragte ich mich, ob Engel noch ganz bei Trost sind. Aber seltsamerweise wirkte er keineswegs verrückt.

»Lass uns einen Handel machen«, sagte er. »Du gehst dein Leben durch und sagst mir, was du deiner Meinung nach richtig und was du falsch gemacht hast. Und dann zeigen wir deine Auflistung den himmlischen Führern. Für alles, was du richtig bewertest, erfülle ich dir in deinem nächsten Leben einen Wunsch.«

»Was meinst du mit meinem ›nächsten Leben‹? Ich möchte hier nicht noch einmal leben.«

»Du musst dich ja auch nicht gleich zu einer weiteren Inkarnation entschließen. Und du musst auch nicht gleich den Himmel aufsuchen. Wir können in den Tunnel gehen und dort eine Weile bleiben, während du mir deine Version deines Lebens erzählst.«

»Wieso können wir nicht einfach hier bleiben?«

»Das könnten wir, aber der Tunnel wird nicht ewig geöffnet sein. Und ich möchte nicht hier zurückbleiben, wenn er sich wieder schließt. Ohne einen Körper auf der Erde zu bleiben, empfiehlt sich nicht.«

Aus seinem Ton hörte ich heraus, dass ich wohl besser daran tat, seinen Rat zu befolgen.

Der Tunnel ist schwer zu beschreiben. Er war geräumig, hatte aber keine klar umrissenen Dimensionen, denn er bestand aus Licht. Es war ein sehr intensives weißes Licht, das jedoch nicht blendete.

Im Tunnel fühlte ich mich sogar noch leichter. Ehrlich gesagt fühlte ich mich dort letztlich sogar ganz wohl.

»Möchtest du dich setzen?« Jeremiah deutete auf einige Sofas (sie bestanden ebenfalls aus Licht), die zufällig genau dieselbe Form hatten wie die bei mir zu Hause. Ich machte es mir auf einem davon bequem.

»Also gut, ich höre dir zu. Ich kenne dein Leben zwar in- und auswendig, aber ich möchte deine Version hören. Das wird sicher interessant ...«

Die selbstgefällige Vertraulichkeit, die Jeremiah an den Tag legte, begann allmählich zu nerven, aber irgendetwas in mir empfahl mir, seinen Wünschen nachzukommen, also willigte ich ein.

»Ich würde mein Leben lieber aufschreiben. Das würde mir leichter fallen, denn ...«

Bevor ich den Satz beenden konnte, tauchte ein Schreibstift aus Licht in meiner Hand auf. Und zu meiner Verblüffung saß ich jetzt an einem Schreibtisch, auf dem Papier lag – alles ebenfalls aus Licht.

»Gut so?«, fragte Jeremiah.

Ich nickte.

»Nimm dir so viel Zeit, wie du brauchst. Und wundere dich nicht, wenn du in einem Rutsch dein ganzes Leben erklären kannst. Sobald man die Enge der Erde verlässt, erhält man nach und nach Zugang zur seelischen Klarheit.«

Da ich nicht ganz verstand, wovon er redete, achtete ich einfach nicht weiter auf ihn und begann damit, einen Rückblick auf mein Leben – mein verpfuschtes Leben – zu verfassen. Ich glaubte nicht so recht, irgendjemand könne mich davon überzeugen, dass ich mein Leben lang richtige Entscheidungen getroffen hätte, aber ich beschloss, es trotzdem schriftlich festzuhalten. Und ich war gespannt darauf, die Version der anderen zu hören. Am besten war es wohl, ein Plus-Zeichen (+) neben die guten Dinge und ein Minus-Zeichen (-) neben die schlechten zu setzen.

Und so ließ ich die siebenundzwanzig Jahre meines Lebens innerlich Revue passieren.

2

Mein katastrophales Leben

Mein Vater, der Sportlehrer war, hatte sich immer gewünscht, dass ich ein Spitzensportler werde. Aber auf Gedeih und Verderb – denn beruflich geht das ja in den seltensten Fällen gut – hatte ich mich immer nur für Musik interessiert.

Meine Mutter sagte, sie habe stets gewusst, dass ich einmal Sänger werden würde. Als ich im Alter von dreizehn Monaten Elvis Presley singen hörte, stand ich in meinen Kinderbettchen auf, als wäre ich auf einer Bühne, klammerte mich am Schutzgeländer fest und versuchte, näher ans Radio heranzukommen. Offenbar sah meine Mutter damals das erste Mal, dass mich etwas wirklich faszinierte.

Meistens kam es ihr nämlich so vor, als befände ich mich in einer anderen Welt.

Von diesem Tag an sorgten meine Eltern stets dafür, dass mich Musik umgab, besonders wenn sie wollten, dass ich »in die reale Welt zurückkehrte«, wie sie es ausdrückten. Aber mein Kopf schwebte fast immer in den Wolken, und als ich sechs Jahre alt war, wurde bei mir Autismus diagnostiziert.

Nach dieser Diagnose beschäftigten sich meine Eltern weit mehr als früher mit mir, und darunter hatte meine kleine Schwester Claire zu leiden. Meine Mutter besorgte spezielles Unterrichtsmaterial, um mir möglichst jeden Tag neue Dinge beizubringen, aber fast alles, was ich gelernt hatte, vergaß ich sofort wieder.

Seinerseits versuchte mein Vater, mir das Einzige näher zu bringen, von dem er wirklich etwas verstand: Sport. Obwohl ich höchstens ein mittelmäßiger Sportler war, bemühte er sich jahrelang, mich zu einem Berufssportler auszubilden.

Im Sommer vor meinem Wechsel zu einer weiterführenden Schule ermahnte mich mein Vater, ich müsse als Sohn eines Sportlehrers den anderen Schülern ein gutes Vorbild sein. Aber ich war das genaue Gegenteil, denn ich brachte überhaupt kein Interesse für das auf, was die Lehrer sagten. *(Hier trug ich auf meiner Liste ein Minus-Zeichen ein, weil ich gar nicht erst versucht hatte, mir Wissen anzueignen.)*

Trotz der hartnäckigen Bemühungen meiner Eltern versagte ich in fast allen Fächern. Mit vierzehn Jahren wechselte ich zu einer Schule, die auf musische Fächer spezialisiert war. Dort fiel mir das Lernen leichter. Ich hatte Unterricht bei einem fantastischen Musiklehrer, der mir das Gitarrenspiel beibrachte.

Meine Eltern waren überglücklich darüber, dass ich endlich in eine Schule ging, von der ich nicht mehr weglaufen wollte. Dort lernte ich nicht nur, ein Instrument zu spielen, sondern auch eigene Stücke zu komponieren. Und da meine Lieder offenbar gut ankamen, beschäftigte ich mich während meiner Jugendjahre vor allem mit dem Komponieren. *(An dieser Stelle setzte ich auf meiner Liste ein Plus-Zeichen, da ich gelernt hatte, ein Instrument zu beherrschen und Lieder zu komponieren.)*

Ich wohnte in Liverpool, der Stadt der Beatles, und glaubte, es könne mit ein wenig Talent nicht so schwierig sein, Erfolg zu haben. Und wirklich brachte ich mit zwanzig Jahren mein erstes Solo-Album heraus. Doch zugleich zerstörte ich dadurch das Leben von zwei Menschen.

Kerry lernte ich in einer der örtlichen Szenekneipen kennen, in denen ich erstmals öffentlich mit meiner Gitarre auftrat. Als ich erfuhr, dass ihr Vater Duncan Fierce war, der Musikproduzent, der die Band Oasis entdeckt hatte, setzte ich alles daran, Kerry für mich zu gewinnen. *(Ein Minus-Zeichen, da ich mit Kerry nur das Ziel verband, sie für meine Zwecke einzuspannen.)*

Kerry verliebte sich sofort in mich. Drei Tage nach unserer ersten Begegnung ließen wir uns die gleichen Piercings machen – als Zeichen dafür, dass wir immer zusammenbleiben würden. Ich hätte ehrlich sein und ihr sagen sollen, dass ich mich mehr für ihren Vater als für sie interessierte, das ist mir bewusst. Aber einen solchen Musikproduzenten wie Duncan Fierce an meiner Seite zu haben, betrachtete ich als einmalige Chance. *(Ein Minus, da ich Kerry etwas vortäuschte, das ich nicht empfand.)*

Ich würde mir ja gern vormachen, dass Duncan mir nicht vorgeschlagen hätte, ein Album aufzunehmen, wäre ihm an mir nicht irgendein Potenzial aufgefallen. Doch in Wahrheit schlug er mir das erst vor, als Kerry ein Kind von mir erwartete. *(Ein Minus, weil ich nicht für Verhütung gesorgt hatte.)* Er verpasste mir sogar den Künstlernamen »Matt Kerr«, um mich daran zu erinnern, dass ich die Plattenproduktion allein Kerry verdankte.

Meinen Eltern gefiel die Aussicht, so bald Großeltern zu werden, zwar ganz und gar nicht, trotzdem boten sie mir jede nur erdenkliche Hilfe an. Mir war die Vaterschaft eigentlich auch zuwider, doch ich willigte in die Heirat mit Kerry ein, da sie mir nachdrücklich klargemacht hatte, dass ihr Vater mir nur dann unter die Arme greifen würde. *(Ein weiteres Minus dafür, dass ich Kerry aus reinem Egoismus geheiratet habe.)*

Und so nahm ich mein erstes Album mit gerade mal zwanzig Jahren und bereits verheirateter Mann auf. Duncan und sein Team brachten mir alles bei, was ich für eine solche Produktion wissen musste. Bei den Aufnahmen mussten wir vieles neu arrangieren und ändern, damit die Instrumentalisierung und meine Stimme gut klangen, aber letztlich rechtfertigte das Ergebnis die ganze Mühe. Den Rest erledigte das Heer von Duncans Marketing-Leuten, und wir verkauften dann tatsächlich 180.000 Exemplare des Albums. Die Marketing-Leute schafften es auch, mich in drei verschiedenen Fernseh-Shows unterzubringen. Und die Konzerttour durchs ganze Land erwies sich sogar als recht profitabel. *(Ein Plus dafür, dass ich mit dem, was ich liebend gern tat, Erfolg hatte.)*

Da für mich jetzt alles so gut lief, begann ich auch, anderen Menschen Gutes zu tun. Beispielsweise trat ich bei Wohltätigkeitskonzerten auf und sogar in einer Fernseh-Show, die mit einem Spenden-Marathon für soziale Zwecke verbunden war. Ich half auch meinem Nachbarn Rob. Er arbeitete in einer Autowerkstatt und kam nicht gut mit seinem Chef aus. Deshalb lieh ich ihm so viel Geld, dass er eine eigene Werkstatt aufmachen konnte. *(Ein Plus dafür, dass ich andere Menschen – einschließlich meines Nachbarn – unterstützte, denen es nicht so gut ging wie mir.)*

Meine Eltern waren stolz auf das, was ich erreicht hatte, aber nun begann sich mein Erfolg auch auf meine Schwester Claire auszuwirken. Sie begann meinen Kleidungsstil nachzuahmen, bat mich, ihr das Komponieren beizubringen, und traf sich sogar regelmäßig mit dem Schlagzeuger meiner Band.

Ich fühlte mich wie ein König und war davon überzeugt, dass meine Karriere gerade erst richtig angefangen hatte – doch in Wahrheit stand sie bereits kurz vor dem Ende. Ich war einfach zu jung, und die vielen verrückten Fans gaben mir das Gefühl, tatsächlich Talent zu besitzen. Ich wurde arrogant, begann, mit weiblichen Fans zu schlafen und mir Kokain reinzuziehen. Das Schlimmste daran war, dass Kelly, als sie es herausfand, völlig außer sich geriet und fast das Baby verloren hätte. *(Ein Minus für meinen Drogenkonsum, meine Untreue und die Tatsache, dass ich damit das Leben unseres Kindes aufs Spiel setzte.)*

Ich flehte um Vergebung, schwor Kelly, dass ich zur Ruhe kommen würde. Sie verzieh mir in der Annahme, dass sich alles ändern würde, sobald ich unser Baby zum ersten Mal sah. Doch mit Spencers Geburt änderte sich nichts. Ich war einundzwanzig und wollte keine Verantwortung übernehmen, sondern nur in meinem Ruhm schwelgen und Spaß haben.

Als Spencer sechs Wochen alt war, entdeckte Kerry ein Foto in einer Musikzeitschrift, auf dem ich ein Mädchen im Arm hielt. Noch am selben Tag wechselte sie unsere Türschlösser aus und schickte mir einen Koffer mit all meinen Klamotten. *(Ein Minus dafür, dass ich Kerry weiterhin betrogen hatte und damit unsere Ehe zerstörte.)*

Ich versuchte Kerry zu erklären, dass ich bei diesem Foto auf Drogen gewesen sei und gar nicht mehr gewusst hätte, was ich tat. Aber das gebrannte Kind scheut bekanntlich das Feuer, sodass Kerry mir meine Beteuerungen nicht mehr abnahm. Und natürlich wollte mich ihr Vater Duncan nun nicht mehr als Produzent vertreten und kassierte alle Einnahmen aus der Konzerttour und dem Verkauf meines Albums ein, um die Kosten für alles, was er in mich investiert hatte, abdecken zu können. Vergeblich hielt ich nach einem Produzenten für mein nächstes Album Ausschau, also beschloss ich, es allein auf den Markt zu bringen. *(Ein Plus dafür, dass ich die Sache nun selbst in die Hand nahm.)*

Kerrys Rechtsanwalt forderte mich auf, mit einem Teil meines Einkommens für meinen Sohn Spencer aufzukommen. Aber da Kerry mir jede Besuchserlaubnis verweigerte, sah ich nicht ein, für Spencers Erziehung zu zahlen. *(Ein Minus, weil ich mich von jeder Verantwortung für mein Kind freisprach.)*

Um mein neues Album aufnehmen und dafür Werbung machen zu können, musste ich meine Eltern um Geld bitten. Anfangs weigerten sie sich, da sie ein solches Darlehen für riskant hielten, aber ich setzte sie unter Druck und versprach, ihnen jeden einzelnen Penny zurückzuzahlen. Schließlich nahmen sie eine Hypothek auf ihr Haus auf, um mir 80.000 englische Pfund zu leihen. *(Ein Minus, da ich meinen Eltern eine riskante Investition aufdrängte.)*

Schließlich konnte ich mein zweites Album aufnehmen und schloss einen Vertrag mit demselben Team ab, das auch bei meinem ersten Album alle musikalischen Arrangements beigesteuert hatte. Alles Geld, das noch übrig war, investierte ich ins Marketing. Es gelang mir – selbstverständlich mit einer Bestechungssumme –, einen meiner Songs bei einem Radiosender als Nummer drei in den Pop-Charts zu platzieren, der meinen Song dann zwei Wochen lang häufig spielte. Aber das brachte mir nichts. Das ganze Album fiel trotzdem durch und die Konzerttour war schlicht eine Katastrophe.

Als die Musiker und Tontechniker meines Teams merkten, dass kaum jemand meine Konzerte besuchte, verlangten sie von mir, sie unverzüglich zu bezahlen.

Also bat ich meine Eltern um einen weiteren Kredit und beglich mit dem Geld meine Schulden.

Ich spielte alle meine Verbindungen aus, um meine Konzerte öffentlich bekanntzumachen. Trotzdem tauchte kaum jemand bei diesen Gigs auf, was mir völlig unbegreiflich war. Immerhin hatten die Musiker mir gesagt, mein zweites Album sei viel besser als das erste. Aber niemand wollte es kaufen. Ebenso wenig verstand ich, wieso die Leute, denen meine Musik während der ersten Tournee offenbar sehr gefallen hatte, sie zwei Jahre danach nicht mehr hören wollten.

Die Mühe, die ich in das zweite Album gesteckt hatte, erwies sich als völlig nutzlos. Das raubte mir schließlich jegliche Energie und Selbstachtung. In mir setzte sich der Gedanke fest, dass meine Musik nichts taugte und mein erstes Album nur deshalb Erfolg gehabt hatte, weil mein Schwiegervater damals so viel Geld in die Werbemaßnahmen gesteckt hatte. Wegen all dieser Niederlagen hatte ich das Gefühl, kaum noch tiefer sinken zu können, und es ging mir wirklich schlecht. Ich wollte nicht mehr singen und auch nichts mehr komponieren, hatte nicht einmal mehr Lust, mir Musik im Radio anzuhören. Jeden Morgen fiel es mir schwer, überhaupt aufzustehen, und ich konnte es nicht mehr ertragen, in den Spiegel zu sehen oder einen Anruf entgegenzunehmen.

Ich schämte mich sehr, als ich mitbekam, dass meine Familie in ein kleineres Haus umziehen musste. Das war allein meine Schuld, und mein Vater warf mir auch vor, dass ich die Familie finanziell ruiniert hätte. *(Ein Minus, weil ich mein Wort nicht gehalten und die Schulden bei meiner Familie nicht beglichen hatte.)*

Schließlich versuchte ich meine Schuldgefühle und mein Versagen durch den Konsum von Alkohol und Kokain zu verdrängen. *(Ein Minus, da ich mich selbst aufgab und mich in den Drogenkonsum flüchtete.)*

Aber ich verdrängte die schlimme Situation nicht nur, sondern landete auch noch in einer Abwärtsspirale des Kummers und der Selbstzerstörung, die ich keinem Menschen wünsche.

Eine Weile konnte ich in den Wohnungen meiner besser gestellten Fans unterkommen, und sie versorgten mich auch mit Kokain. Doch letztlich warfen sie mich alle irgendwann raus. *(Ein Minus, weil ich meine Fans ausnutzte.)*

Also musste ich zu meiner Familie zurückkehren und dort auf dem Sofa übernachten, denn in ihrem neuen Haus gab es nur zwei Schlafzimmer. Mein Vater war anfangs zwar dagegen, da ihm klar war, dass ich immer noch drogenabhängig war, doch meine Mutter überzeugte ihn davon, dass die Familie mich aufnehmen müsse.

Tatsächlich zählt im Leben eines Junkies nur, an Drogen heranzukommen. Alles andere betrachtet er entweder als Mittel zu diesem Zweck oder als Hindernis dabei.

Zu diesem Zeitpunkt lebte ich einzig und allein von meiner Familie, von niemandem sonst. Einige Monate lang stahl ich ihr sogar Geld, um mir Kokain zu besorgen – bis meine Eltern es merkten und das Geld vor mir versteckten. *(Ein Minus, weil ich meine Familie bestahl.)*

Als ich keinen Zugang mehr zu den Geldbörsen meiner Familie hatte, brachte ich den Schmuck meiner Mutter heimlich zu einer Pfandleihe. Das muss ihr sehr wehgetan haben, da sie den Schmuck von ihrer Mutter geerbt hatte. Doch sie sagte meinem Vater nichts davon, weil sie nicht wollte, dass er mich aus dem Haus warf. *(Ein Minus dafür, dass ich meiner Mutter ihren Schmuck raubte.)*

Als Kerry schließlich einwilligte, sich mit mir zu treffen, erkannten wir einander fast nicht wieder. Im vergangenen Jahr hatte ich mich körperlich sehr verändert, und sie war nicht nur Mutter geworden, sondern mittlerweile auch eine erfolgreiche Geschäftsfrau. Ich erzählte ihr vom Misserfolg meines zweiten Albums und bat sie um ein Darlehen, aber das lehnte sie ab. Ich bat sie auch darum, Spencer sehen zu dürfen, was sie ebenfalls verweigerte. Ihrer Meinung nach war es für Spencer besser, seinen Vater für tot zu halten, als die Wahrheit zu erfahren: dass sein Vater ihn im Stich gelassen hatte. Ich erwiderte, es sei mein gutes Recht, meinen Sohn zu sehen, und drohte ihr damit, sie ständig zu verfolgen, wenn sie nicht klein beigebe. Als sie das hörte, wurde sie nervös und warnte mich davor, mich meinem Kind zu nähern. Ich bot ihr an, sie in Ruhe zu lassen, wenn sie mir 300 Pfund lieh, und sie gab mir das Geld. *(Ein Minus, da ich das Kind zur Erpressung von Kerry benutzt hatte.)*

Natürlich hielt ich mein Versprechen ihr gegenüber nicht. Ein paar Wochen später wollte ich noch mehr Geld aus Kerry herausholen, musste jedoch feststellen, dass sie umgezogen war. Ich habe Kerry und Spencer niemals wiedergesehen. *(Ein Minus dafür, dass ich meine frühere Frau und meinen Sohn zum Umzug zwang.)*

In kürzester Zeit war ich von mehreren Drogen abhängig geworden. Mein Körper war geschwächt, mein Gesicht angeschwollen, meine Stimme rau und heiser. Mir fiel auf, dass die Menschen jetzt häufig wegsahen, wenn sie an mir vorbeigingen. Und ich nahm es ihnen nicht übel – ich wäre mir ja am liebsten selbst aus dem Weg gegangen.

Irgendwann war ich so fertig mit mir und der Welt, dass ich nicht mehr die Kraft hatte, meine Eltern davon abzuhalten, mich in eine Entzugsklinik einzuliefern. Sie brachten mich in die beste Großbritanniens. Zu dieser Zeit dachte ich nicht darüber nach, wie sie überhaupt das Geld dafür hatten zusammenkratzen können. Erst viel später fand ich heraus, dass meine Eltern die Rechnungen für meinen Klinikaufenthalt mit dem Geld bezahlt hatten, das sie für das Universitätsstudium meiner Schwester zurückgelegt hatten. Nun konnte Claire nicht nur das Studium vergessen, sondern musste auch in einem Restaurant arbeiten, um Geld für meine Therapie beizusteuern. *(Ein Minus, weil ich meiner Schwester die Chance zu studieren nahm.)*

In der Klinik fand ich es zunächst entsetzlich. Das Personal war zwar sehr freundlich und tüchtig, aber in diesem Umfeld versank ich nur noch tiefer in meinem Schwarzen Loch. Alle diese perfekten Menschen um mich herum verstärkten bei mir noch das Gefühl eigener Wertlosigkeit. Wäre ich der Leiter dieser Einrichtung gewesen, hätte ich nur frühere Drogenabhängige eingestellt, denen die Zähne ausgefallen waren. Denn sie allein wissen, was es bedeutet, sich selbst zu zerstören.

Mit der Zeit halfen mir die Therapeuten allerdings sehr. Mit ihrer Unterstützung begriff ich, dass ich, um mich selbst wieder aufzubauen, lediglich lernen musste, mich selbst und andere Menschen wieder zu achten. Das war nicht leicht, doch nach zehn Monaten innerer Kämpfe voller Höhen, Tiefen und Rückfälle schaffte ich es schließlich, meine Niederlagen und Ängste hinter mir zu lassen und meine Drogenabhängigkeit zu überwinden. (*Ein Plus dafür, dass ich die Drogenabhängigkeit überwand.)*

Als ich nach Hause entlassen wurde, freuten sich meine Mutter und meine Schwester sehr, und ich glaube, auch mein Vater – wenn es ihn vielleicht auch vor allem erleichterte, die monatlichen Überweisungen an die Klinik einstellen zu können. Wir alle wollten die Situation vor meinem Absturz wiederherstellen und taten deshalb so, als wäre nichts passiert. Aber natürlich war mir klar, dass sich mein Leben zwangsläufig verändert hatte, da meine Jahre als Drogenabhängiger einen hohen Preis gefordert hatten.

Bei meiner Rückkehr erfuhr ich, dass meine Mutter inzwischen Geschäftsfrau war. Um die Kosten der Klinik mittragen zu helfen, hatte sie die Arbeit bei einem Immobilienmakler aufgenommen. Und als die Inhaberin in den Ruhestand ging, kaufte meine Mutter ihr das Maklerbüro ab und bot mir eine Stelle in dem Büro an. Ich nahm sie ohne zu zögern an, obwohl mein Vater mir eine solche Arbeit keineswegs zutraute. Bei der Entlassung aus der Klinik hatte ich mir vorgenommen, Ordnung in mein Leben zu bringen, weit weg von der Welt der Musik, und diese Stelle kam mir wie eine wunderbare Chance vor. *(Ein Plus dafür, dass ich mich wieder in die Gesellschaft integrierte.)*

Meine Mutter erklärte mir, der Schlüssel zum Verkauf von Immobilien liege darin, den Käufer davon zu überzeugen, dass er eine Villa erwerbe, und dem Verkäufer das Gefühl zu geben, er könne froh sein, seine Bruchbude loszuwerden. Schon nach wenigen Wochen gelang es mir, ein Haus zu verkaufen. Das erfüllte mich mit gesundem Stolz darauf, dass ich eigenständig etwas zustande gebracht hatte. *(Ein Plus für den Versuch, etwas eigenständig in Gang zu setzen.)*

Doch als ich das zweite Haus verkaufen wollte, machte ich alles kaputt. Offenbar hatte der Konzessionsgeber der Agentur meiner Mutter angebliche »Kunden« auf den Hals geschickt, um ihre Geschäftspraktiken zu überprüfen. Beim Verkaufsgespräch übertrieb ich allzu sehr, als ich die Vorzüge des Mietswohnhauses hervorhob, und versuchte zu verschleiern, dass sich im Keller Feuchtigkeit gesammelt hatte. Das führte dazu, dass uns der Konzessionsgeber die Lizenz als Immobilienmakler in seinem Verbund entzog.

Als ich feststellen musste, dass dieser Rausschmiss meine Mutter 30.000 Pfund kostete, die sie als Kredit bei der Bank aufgenommen hatte, tauchten alle Gespenster meiner Vergangenheit wieder auf. Da ich das Gefühl hatte, meiner Familie ständig neue Probleme aufzuhalsen, beschloss ich, auszuziehen und ihr Leben nicht mehr durcheinander zu bringen. *(Ein Plus dafür, dass ich meiner Familie die Last abnahm, sich ständig um mich kümmern zu müssen.)*

Ich fand ein großes, aber preisgünstiges Apartment, das mir eine Witwe namens Margaret vermietete. Als sie merkte, dass ich früher drogenabhängig gewesen war, bat sie mich, die Miete für ein halbes Jahr im Voraus zu bezahlen. Mir fehlten aber 60 Pfund für die von Margaret verlangte Summe. Die einzige Möglichkeit, die mir einfiel, das Geld aufzubringen, bestand darin, als Straßensänger in einer der U-Bahn-Stationen in Liverpool aufzutreten.

Ich wappnete mich mit Mut, griff nach meiner Gitarre und suchte mir eine U-Bahn-Station mit einem großen Eingangsbereich und guter Akustik aus. Meine eigenen Lieder wollte ich nicht singen, da ich Angst hatte, erkannt zu werden. Also wählte ich *Imagine* von John Lennon. Ich musste einfach daran glauben, dass alles besser werden würde. Dieser erste Tag war hart. Meine Stimme klang viel schlechter, als ich sie in Erinnerung hatte, und ich konnte auch keine innere Ruhe finden, da ich mich ständig vergewissern musste, dass nicht die Polizei auftauchte und mich nach draußen beförderte.

Die meisten Leute gingen so an mir vorbei, als wäre ich gar nicht da. Manche sahen mich voller Verachtung an. Aber andere lächelten mir zu, und hin und wieder warf mir jemand eine Münze hin. Vermutlich merkten die meisten dieser Menschen meiner Stimme an, dass ich früher ein Junkie gewesen war, und spendeten das Geld aus Mitleid. Aber für mich zählte nur, dass ich die 60 Pfund zusammenbringen musste. Am Ende dieses Tages war ich erschöpft und völlig heiser, hatte aber 71 Pfund in der Tasche. Also konnte ich das Apartment bei Margaret mieten und schlief mit dem befriedigenden Gefühl ein, das Geld für die Miete aus eigener Kraft aufgebracht zu haben. *(Ein Plus dafür, dass ich etwas eigenständig geschafft hatte.)*

Im folgenden Jahr nahm ich jeden Job an, den ich kriegen konnte, arbeitete als Kellner, Verkäufer und sogar als Lagerarbeiter in einem Supermarkt. Doch jedes Mal tauchte dabei das Problem auf, das ich seit frühester Kindheit hatte: Ich konnte mich einfach auf nichts konzentrieren, außer auf Musik. Und da diese Jobs in keiner Weise etwas mit Musik zu tun hatten, griff ich wieder zur Flasche. Ich versuchte mein Trinken zu verheimlichen, aber früher oder später flog es stets auf. *(Ein Minus dafür, dass ich wieder zu trinken begann und dadurch jede Festanstellung vermasselte.)*

Schließlich ging mir auf, dass es für mein weiteres Leben nur zwei Möglichkeiten gab: Entweder ich würde allen Menschen in meinem Umfeld im Weg sein, oder ich würde an der U-Bahn-Station singen. Also beschloss ich, mein Geld als Straßensänger zu verdienen. Ich war davon überzeugt, dass ich, sobald ich wieder spielte und sang – selbst wenn es nur in Stationen der U-Bahn war –, keinen Alkohol mehr brauchen würde. Doch das war ein Irrtum. Es fiel mir schwer, Tag für Tag als Straßensänger aufzutreten, und einzig der Alkohol half mir beim Überleben.

Wer oder was das Auftreten so schwer machte, war nicht die Polizei, die mich alle zwei oder drei Wochen rausschmiss. Es war auch nicht der Dieb, der mir mein Körbchen mit den Einnahmen stahl und davonrannte. Es waren nicht einmal die Verrückten – Neo-Nazis oder Hooligans –, die mich schikanierten. Was wirklich schwierig war: sich vor ganz normalen Leuten zur Schau zu stellen.

Die meisten gingen an mir vorbei, ohne mich zu beachten. Aber manche glotzten mich so an, als hätten sie noch nie ein menschliches Wesen gesehen, musterten mich von Kopf bis Fuß, als wollten sie herausbekommen, wie und warum ich zu dem Mann geworden war, den ich jetzt darstellte.

Andere sahen mich so ängstlich an, als hätte ich womöglich vor, sie auszurauben. Wieder andere zeigten offen ihre Verachtung, so als wäre meine Musik unangenehmer Lärm oder ich ein Umweltverschmutzer.

Das verstand ich nicht. Ich wusste, dass der Alkohol und die Drogen meinem Aussehen geschadet hatten. Aber selbst wenn ich mich bemühte, mich gut anzuziehen und sauber zu wirken, sahen sie mich so an, als würde ich die Pest verbreiten.

Eines Tages glotzte mich ein Mann dermaßen angewidert an, dass ich nicht mehr an mich halten konnte. »Verzeihen Sie mir bitte die Unverschämtheit, Ihnen kostenlos meine Musik anzubieten«, sagte ich, weil ich nicht anders konnte. Denn mir war noch allzu gut in Erinnerung, dass Menschen nur ein paar Jahre zuvor 30 Pfund für die Eintrittskarten zu meinen Konzerten bezahlt hatten. Und nun schienen sie tatsächlich bereit, mich dafür zu bezahlen, dass ich zu spielen aufhörte.

Ich beschloss, die feindseligen Blicke der aggressiven Menschen so gut es ging zu ignorieren und mich auf die anderen zu konzentrieren, die meinen Gesang und das Gitarrenspiel zu schätzen wussten. Ich gab mir damit wirklich Mühe, doch die meisten waren so in sich gekehrt und müde, dass ich gar nicht zu ihnen durchdrang. Manchmal hatte ich das Gefühl, unsichtbar zu sein oder die Wände anzusingen, und dann musste ich mein Spielen abbrechen.

Anfangs war es wirklich schrecklich, und ich dachte Tag für Tag: Das war das letzte Mal! Ich war davon überzeugt, dass selbst wenn John Denver hier sang, kaum jemand stehen bleiben würde. Es sei denn, jemand erkannte, dass er ein berühmter Sänger war. In diesem Fall würde sich eine Menschenmenge um ihn versammeln und jeder um ein Autogramm bitten.

Eines Tages bezeichnete mich eine ältere Frau als einen Penner, forderte mich auf zu verschwinden und fragte mich, wieso ich mir keine anständige Arbeit suche, wie der Rest der Menschheit. Ich nannte sie eine alte Hexe und forderte sie auf, sich zu verpissen. Aber in Wirklichkeit taten mir ihre Worte weh. Dieser Tag endete damit, dass ich in meiner Wohnung heulte, denn es machte mir schwer zu schaffen, dass ich mir meinen Lebensunterhalt nur auf diese Weise sichern konnte. Ich trank noch mehr als sonst, um mich zu betäuben.

Meine Vermieterin Margaret wusste, dass ich trank, aber wir hatten eine stillschweigende Vereinbarung: Betrinken würde ich mich nur in den eigenen vier Wänden, und sie würde mir keine Vorhaltungen deswegen machen.

Am folgenden Morgen wachte ich mit dem Gedanken auf, dass die ältere Frau, die mir gegenüber so ausfallend geworden war, durchaus Gründe dafür gehabt hatte. Sicher hatte sie den Eindruck gehabt, ich wolle Geld von ihr erbetteln. Ich beschloss, mich von jetzt an nur noch auf meinen Gesang und mein Spiel zu konzentrieren, ohne von jemandem irgendetwas zu erwarten. Falls jemand mich beleidigte oder mich nicht beachtete, sollte es mir ab sofort egal sein. Meine Aufgabe bestand lediglich darin, das Einzige, das ich gut konnte, bestmöglich zu tun. Und wenn irgendjemand stehen blieb, um mir Geld zu geben, würde ich ihm mit einer Geste danken und mich dann gleich wieder auf meine Musik konzentrieren.

Noch am selben Tag tat ich genau das. Es fiel mir schwer, gut zu spielen und dabei irgendwelche aggressiven Reaktionen zu ignorieren. Doch zu meiner Verblüffung merkte ich abends, dass ich längst nicht so erschöpft war wie an den Tagen zuvor. Und da ich mich mehr und mehr auf meine Musik konzentrierte, gelang es mir auch zu improvisieren und neue Songs zu komponieren. *(Ein Plus dafür, dass ich lernte, meine Wut auf die Pendler in der U-Bahn-Station in den Griff zu bekommen.)*

Eines Tages kam ein Nachbar meiner Eltern auf dem Gang der U-Bahn-Station an mir vorbei und erkannte mich. Neugierig blieb er stehen, um zu sehen, was ich hier trieb. Am folgenden Tag suchten mich meine Eltern und meine Schwester Claire im Gang auf. Sie hatten sich große Sorgen um mich gemacht und waren sehr erleichtert, als sie merkten, dass ich nicht mehr oder wieder auf Drogen war. Meine Eltern boten mir an, in Claires Zimmer zu wohnen, da sie gerade mit ihrem neuen Freund zusammengezogen war. Aber ich erwiderte, ich sei gerade in die »Top Ten« der U-Bahn-Sänger aufgestiegen und käme ganz gut allein zurecht. Ich versprach ihnen jedoch, sie an jedem ersten Freitag im Monat zu besuchen. Und zum ersten Mal in meinem Leben hielt ich dieses Versprechen auch. *(Ein Plus dafür, dass ich diesmal mein Versprechen hielt.)*

Meinen Eltern war es peinlich, mich in der U-Bahn-Station spielen zu sehen, wie es auch mir unangenehm war, dass sie mich dabei entdeckt hatten. Sie suchten mehrere Arbeitsstellen für mich, die ich jedoch stets ablehnte. Claire bemühte sich am meisten, mir zu helfen. Monatelang versuchte sie ein Studio zu finden, in dem ich meine neuen Songs aufnehmen konnte, und schließlich fand sie tatsächlich eines, in dem es klappte. Danach versuchte sie, mehrere Schallplattenfirmen für meine Arbeit zu interessieren. Doch ein, zwei Jahre nach Aufnahme meiner

Songs besuchte sie mich eines Tages in der U-Bahn-Station und weinte. Sie erzählte mir, eine Schallplattenfirma habe jüngst einen Teenager namens Melvin unter Vertrag genommen und ein Album von ihm mit *meinen* Songs auf den Markt gebracht – ein Riesenerfolg.

Ich glaubte es nicht, bis ich die Platte hörte und die Songs mit Recht als meine bezeichnen konnte. Ich war zwar wütend, doch irgendwie freute ich mich auch, weil es bedeutete, dass diese Songs den Menschen gefielen und daher auch ich wieder Erfolg haben könnte.

Melvin wurde auch international gefeiert. Deshalb suchten wir die Schallplattenfirma auf und drohten sie zu verklagen, falls sie die Songs nicht als von mir komponierte anerkannten. Da man sich dort weigerte, uns überhaupt anzuhören, beauftragte Claire einen Rechtsanwalt mit unserem Fall und wir verklagten das Unternehmen. Der Anwalt versicherte, wir hätten das Urheberrecht auf unserer Seite. Wenn wir den Prozess gewannen, würden wir sehr viel Geld und die Aufmerksamkeit der Medien haben. Ich war in Hochstimmung, denn genau das war der Sprung, den ich für den Neustart meiner Karriere brauchte. Ich war auch davon überzeugt, dass ich dann auf die Bühne zurückkehren würde.

Deshalb verbrachte ich die folgenden achtzehn Monate damit, auf den Prozess zu warten und währenddessen neue Songs zu komponieren und aufzunehmen.

Ich hatte vor so vielen verschiedenen Menschen gespielt, dass ich endlich wusste, was sie sich wünschten. Claire half mir dabei, die Songs aufzunehmen, die den Leuten in der U-Bahn-Station am besten gefallen hatten. Beide warteten wir ungeduldig auf den Sieg vor Gericht, damit wir danach mit der Werbung bei den Radio- und Fernsehsendern beginnen konnten.

Eine Woche vor der Gerichtsverhandlung betraten zwei jugendliche Skinheads mit Stirnbändern den Gang der U-Bahn-Station, in dem ich spielte. Ich erinnerte mich noch an den Kleineren der beiden, da er mich schon früher unflätig beschimpft hatte. Doch ich beschloss, die beiden gar nicht zu beachten, und spielte weiter – eine vom Reggae inspirierte Improvisation. Und nach nicht einmal einer Sekunde zückte der kleinere der Skinheads doch tatsächlich eine Waffe und schoss mir in den Kopf.

Ich starb sofort, ermordet von den beiden Jugendlichen. Sechs Tage, bevor ich bei der Gerichtsverhandlung hätte beweisen können, dass Melvins Erfolg auf meinen Kompositionen beruhte. Mir blieb keine Zeit mehr, die neuen Songs, an denen ich gearbeitet hatte, herauszubringen. Keine Zeit, mich von Claire oder meinen Eltern zu verabschieden.

Auf diese Weise zu sterben ist nicht fair …

Doch vielleicht sollte ich froh sein, dass ich nun keine weiteren Enttäuschungen mehr ertragen musste. Im Rückblick sehe ich nämlich nur das eigene Versagen.

Seit frühester Kindheit war ich für meine Eltern eine Last, meine Frau und mein Kind ließ ich im Stich. Und am Ende meines Lebens war ich ein frustrierter, alkoholabhängiger Sänger, der in einer U-Bahn-Station bettelte.

Und jetzt, nach meiner Ermordung, hat mein Schutzengel nicht nur Mitgefühl mit mir, sondern behauptet auch, er habe mir oft geholfen und mein Leben sei wirklich erfolgreich verlaufen.

Was sollte ich denn so Tolles getan haben? Meinte er, dass ich auf wundervolle Weise versagt habe? Wenn das Versagen meinen Lebensplan ausgemacht hatte, war mein Leben in der Tat ein absoluter Erfolg gewesen.

3

Der wahre Sinn meines Lebens

Als ich meine Lebensgeschichte aufgeschrieben hatte, wollte ich sie meinem Schutzengel zu lesen geben, doch er sagte: »Ich habe zugehört, während du schriebst. Denk daran, dass ich deine Gedanken hören kann.«

»Wunderbar. Und konntest du auch die Gedanken des verrückten Kerls hören, der mich umgebracht hat?«

»Ja.«

»Wieso hast du mir dann nicht geholfen? Ihn nicht davon abgehalten, mich zu töten? Warst du nicht auf seinen Angriff vorbereitet?«

»Doch, aber wir dürfen nicht eingreifen. Wie schon erwähnt gibt es für alles einen Grund. Wenn du mir zur anderen Seite folgst, führen *wir* den Rückblick auf dein Leben durch, und dann wirst du das auch selbst verstehen.«

»Das bezweifle ich. Vielleicht sollten wir einen Rückblick auf dein Leben halten, damit ich verstehen kann, warum du mir niemals geholfen hast.«

»Glaubst du wirklich, dass ich dir niemals geholfen habe?«

»Du siehst doch, wie toll ich mich geschlagen habe, gib dir doch selbst die Antwort.«

»Matt, ich weiß, dass du im Augenblick ein bisschen verwirrt bist. Aber glaube mir, wenn ich dir nun erzähle, was du wirklich großartig gemacht hast. Geh weiter. Im Himmel werde ich dir erklären, warum alles, das deiner Meinung nach so schlecht lief, in Wahrheit gut lief!«

Ich glaubte ihm noch immer kein Wort, und es erregte meinen Argwohn, dass er mich unbedingt in den Himmel bringen wollte, deshalb sagte ich: »Warte mal. Ich gehe mit dir zum Himmel, wenn du mir vorher erklärst, wieso mein Leben angeblich so gut war.«

»Ich kann versuchen, es dir zu erklären, aber ...«

Jeremiah brachte den Satz nicht zu Ende, da uns beide plötzlich intensive Liebe umgab, und das ließ uns verstummen. Ein sehr helles Lichtwesen hatte gerade im Tunnel Gestalt angenommen.

Ich erinnerte mich nicht daran, dieser Gestalt jemals begegnet zu sein, wusste aber trotzdem, dass sie Kuan Yin hieß. Sie war wunderschön und bewegte sich mit erstaunlicher Eleganz.

Kuan Ying ging lachend auf Jeremiah zu. »Diese Geschichte wird zunehmend schwieriger für dich, stimmt's?«, fragte sie.

»Danke, dass du so schnell gekommen bist«, entgegnete Jeremiah.

»Hallo Matt, schön dich wiederzusehen«, begrüßte mich Kuan Yin.

Ihre Stimme beunruhigte mich, denn einerseits war sie so zart wie ein Flüstern, andererseits hallte sie derart wider, als käme sie aus einer tiefen Höhle.

Kuan Yin lächelte mir zu. »Matt, ich möchte dir aufrichtig und aus tiefstem Herzen gratulieren. Du musst wissen, dass dein Leben nicht nur seinen Sinn erfüllt hat, sondern auch viele tausend Seelen inspiriert hat, denen nicht klar war, ob sie auf der Erde inkarnieren sollten oder nicht. Du kannst dir ja gar nicht vorstellen, welche Wirkungen du ausgelöst hast.«

Ich antwortete nicht darauf, sondern dachte nur bei mir: *Die Gnädigste macht sich lustig über mich!*

»Nein, es ist mir ernst«, setzte sie nach. »Unsere Bewertungskriterien sind nämlich ganz anders als eure auf der Erde. Wenn wir hier Menschen benoten würden, würdest du mit *summa cum laude* abschneiden, wie ich dir versichern kann. Du hast deine Aufgaben hundertprozentig erfüllt, und das gilt auch für deinen Schutzengel Jeremiah.«

»Danke, Kuan Yin«, erwiderte Jeremiah gerührt. »Aber Matt hat mir die Arbeit ja auch leicht gemacht.«

»Das kapier ich überhaupt nicht. Lag der Sinn meines Lebens darin zu leiden oder so?«, fragte ich.

»Der Sinn lag die ganze Zeit über darin, den Menschen mit deiner Musik zu helfen«, erklärte Kuan Yin. »Und du hast so viel mehr erreicht, als wir für möglich hielten.«

»Aber niemand hat meine Platten gekauft, und ich musste auf dem Gang einer U-Bahn-Station spielen!«

»Kannst du dir einen besseren Ort vorstellen, um den Menschen nahe zu sein?«, fragte Kuan Yin. »Matt, du hast es geschafft, deine Musik zu den Seelen zu bringen, die am müdesten waren und sie am dringendsten brauchten.«

»Es gibt bei uns nur wenige Seelen, die sich trauen, in einer so schwierigen Umgebung wie der U-Bahn mitten in einer Großstadt tätig zu werden«, ergänzte Jeremiah. »Für uns ist das so, als müssten wir in die Hölle hinabsteigen, um blutrünstigen lebenden Toten zu helfen. Deshalb betrachten wir dich hier bei uns als Helden.«

»Hör mal, Jeremiah«, unterbrach ihn Kuan Yin. »Ich glaube, wir müssen Matt die Augen für die Wirklichkeit öffnen, ihm zeigen, wie die Dinge tatsächlich stehen, wenn nicht der Schleier seiner irdischen Inkarnation über allem schwebt. Sonst versteht er das Ganze nicht.«

»Kuan Yin hat unbegrenzten Zugang zur Akasha-Chronik, dem Weltgedächtnis«, sagte Jeremiah. »Und das bedeutet, dass sie dir jeden Augenblick im Leben eines Inkarnierten zeigen kann. Sie hat sogar Zugang zu Momenten, die in der Zukunft liegen, allerdings sind die schwieriger zu verstehen.«

Kuan Yin lächelte mich an, streckte ihre Arme nach oben und beschrieb einen Kreis. Und sofort befand ich mich wieder in meinem Gang in der U-Bahn-Station. Als ich mich umsah, merkte ich, dass ich keinen sichtbaren Körper hatte. Und da die Pendler mich nicht sehen konnten, dachte ich, ich sei als Geist zur Erde zurückgekehrt.

Doch gleich darauf fiel mir auf, dass es der Gang vor seiner Renovierung war, etwa drei oder vier Jahre vor meinem Tod. Zu meiner Verblüffung konnte ich mich in meiner Erinnerung hierhin und dorthin bewegen und überall hinschauen, als wäre ich eine Filmkamera.

Und dann hörte ich mich selbst singen – *The Rose* von Bette Midler –, und drehte mich um. Erstaunlicherweise sang ich am üblichen Ort. Eine rosafarbene Wolke hüllte mich ein und an meiner Kehle entdeckte ich eine Kugel weißen Lichts.

Aber am meisten wunderte ich mich darüber, dass von meiner Stimme Wellen rosafarbener Energie ausgingen, die durch den Gang zogen.

Als ich den Gang entlang blickte, sah ich, dass auch die anderen Menschen von Wolken in unterschiedlichen Farben eingehüllt waren. Diese Farben und die Wellen, die diese Leute ausstrahlten, waren dunkler als meine. Aber die Lichtkugeln, die um jeden herumschwebten, waren weiß.

In diesem Augenblick hörte ich Kuan Yins Stimme in meinem Kopf. Und obwohl ich sie und meinen Schutzengel nicht sehen konnte, war mir klar, dass sie dieselben Dinge wahrnahmen wie ich.

»Was du Wolken nennst, sind Auren«, erklärte Kuan Yin. »Und die Wellen sind die Energien, die die Menschen ihrer jeweiligen Stimmung entsprechend ausstrahlen. Du wirst sehen, dass sie je nachdem, was die Leute denken und empfinden, die Farbe wechseln.«

»Und was sind die weißen Kugeln?«, fragte ich sie durch Gedankenübertragung.

»Diese Lichtkugeln benutzen die Schutzengel als Medium der Fortbewegung, damit sie die Dichte von Gaia überhaupt ertragen zu können.«

Ich war völlig in den spektakulären Anblick der Lichtkugeln, Wolken und Farben vertieft, wie ein Kind, das einen Zirkus besucht. Und plötzlich erschrak ich, denn ich merkte, dass ich, wenn ich mich auf eine bestimmte Person konzentrierte, deren Gedanken hören konnte. Mir fiel auf, dass die meisten Leute, die meinen Gang betraten, braune und schwarze Wellen ausstrahlten, ausgelöst durch verheerende, destruktive Gedanken wie diese: *»Falls ich am Donnerstag im Lotto gewinne, sag ich jedem, dass er mich am Arsch lecken kann.« – »Ist das ihr Dank für all das, was ich für sie getan habe?« – »Die werden mich niemals beachten.« – »Bestimmt werde ich wieder alles vermasseln, so wie immer.«*

Als ich einige der Pendler beobachtete, die meinen Gang durchquerten, sah ich, dass die von mir – dem Matt, der sang – ausstrahlenden starken rosafarbenen Wellen die Auren dieser Menschen durchdrangen. Ich hörte auch, dass ihre negativen

Gedanken sich nach und nach auflösten und positive an deren Stelle traten, sobald sie innerlich mein Lied mitsummten oder mir einfach nur zuhörten.

Und zugleich hellten sich auch ihre Auren und Energiewellen auf und nahmen reinere Farbtöne an.

»Deine Musik hat ihnen die destruktiven Gedanken entzogen und ihre Schwingungsfrequenz erhöht«, sagte Kuan Yin in meinem Kopf. »Einen Moment lang waren sie davon geheilt. Und das hat den Engeln ermöglicht, sich ihnen zuzuwenden.«

Tatsächlich erkannte ich, dass die Engel, als sich die Auren der Pendler aufhellten, die Gelegenheit dazu nutzten, sich diesen Menschen zu nähern und ihnen ermunternde Worte zuzuflüstern. Fast immer brachten sie die Leute dazu, ihnen zuzuhören. Wenn diese dann den Gang verließen, hatten sie eher Gedanken wie diese: *»Also gut, mal sehen, wie es heute läuft.« – »Er ist ja noch ein Teenager, er wird da schon herauswachsen.« – »Es kann ja nicht schaden, es wenigstens mal zu versuchen.«*

»Du ahnst ja gar nicht, wie schwer es für einen Schutzengel ist, die Menschen zum Zuhören zu bringen«, sagte Jeremiah in meinem Kopf. »Aber in deinem Gang ist es uns fast immer gelungen. Du hast uns sehr geholfen.«

»Das freut mich. Ich sehe, dass sie aus meiner Musik irgendetwas für sich ziehen konnten.«

»Du hast ihnen viel mehr gegeben, als du annimmst«, erklärte Kuan Yin. »Du glaubst, dass du nur die Stimmung der Pendler, die an dir vorbeigingen, aufgehellt hast, bist dir aber gar nicht dessen bewusst, welch starke Wirkung du auf sie hattest. Bislang verstehst du noch nicht, auf welch unterschwellige Weise Energien wirken. Wir werden es dir zeigen.«

Plötzlich befand ich mich nicht mehr auf dem Gang, sondern auf der Straße vor dem Ausgang zur U-Bahn-Station. Ein

Pendler, dessen Stimmung ich beeinflusst hatte, ging gerade hinaus. Es war ein kräftig gebauter Jugendlicher mit intensiv blauer Aura. Geschickt schlängelte er sich zwischen den Fußgängern hindurch und dachte dabei: *»Vielleicht kann ich ihn dazu überreden, mir am Donnerstag frei zu geben.«*

Ohne zu überlegen überquerte der Jugendliche die Straße. Ein Taxi musste deswegen scharf bremsen und kam zehn Zentimeter vor dem Jungen zum Halt.

Er hatte jetzt eine trübe grüne Aura und schaute verwirrt zu dem Taxifahrer hinüber. Der Fahrer, der eine rote Aura hatte, warf ihm einen Blick zu, mit dem er zu sagen schien: *»Pass auf, wo du hingehst!«* Der Jugendliche staunte über diese Reaktion des Taxifahrers, dachte jedoch nicht darüber nach und ging einfach weiter.

»Und jetzt schau dir an, was in einer anderen Zeitlinie passiert, in der du nicht auf dem Gang spielst«, sagte Kuan Yin.

Unversehens befand ich mich wieder am Ausgang der U-Bahn-Station und sah zu, wie sich der Jugendliche genauso verhielt wie zuvor. Doch diesmal waren seine Aura und Energiewellen dunkelgrau, denn er dachte: *»Dieser Idiot gibt mir am Donnerstag bestimmt nicht frei. Er will uns nur ausbeuten, damit er selbst befördert wird.«*

Wie in der anderen Zeitlinie überquerte der Junge die Straße, ohne nach rechts und links zu blicken, und wieder kam das Taxi kurz vor ihm scharf bremsend zum Halt. Der Jugendliche hatte jetzt eine granatrote Aura und schaute zum Taxifahrer hinüber, der ihm den Stinkefinger zeigte. Daraufhin wurde der Jugendliche fuchsteufelswild – seine Aura nahm eine schlammigbraune Färbung an –, schlug auf die Motorhaube des Wagens und brüllte: *»Du Wichser! Fast hättest du mich umgefahren, du verdammter Scheißkerl!«*

Nun nahm die Aura des Fahrers eine glühend rote Tönung an, und er rief: *»Hände weg von meinem Taxi, du Arschloch!«*

Doch der Jugendliche schlug weiter auf die Motorhaube ein. Wütend stieg der Fahrer aus, in der Hand eine Brechstange. Als der Jugendliche das sah, umkreiste er den Wagen und schrie: *»Fick dich!«* Der Fahrer verfolgte ihn, doch der Junge war schneller. Während er um den Wagen rannte, blieb ihm noch Zeit, die Radioantenne am Taxi abzubrechen. In diesem Moment begannen die Autos hinter ihnen zu hupen, damit die beiden aufhörten, die Kreuzung zu blockieren.

»Schau mal, was mit den Wellen des Zorns geschieht, die sie erzeugen«, sagte Kuan Yin. »Sie bilden ein Kraftfeld.« Ich blickte auf die roten Wellen, die vom Taxifahrer ausgingen. Sie verbanden sich mit den braunen vom Jugendlichen und den von den Autofahrern ausgehenden Energiewellen und begannen, eine dunkelrote, giftig wirkende Wolke zu bilden. Diese Wolke wuchs ständig und färbte sich immer dunkler, genährt von den Energiewellen der verärgerten Autofahrer, die heftig auf die Hupen drückten.

Schließlich rannte der Jugendliche in Gegenrichtung zum Verkehr davon und der Taxifahrer musste zu seinem Wagen zurückkehren. Als das Taxi wegfuhr, floss der Verkehr nach und nach wieder, und die Wolke vergrößerte sich nicht mehr.

»Verfolge das Kraftfeld des Zorns«, forderte Kuan Yin mich unmissverständlich auf.

Die Wolke begann durch die Stadt zu ziehen, und ich sah, wie sich andere Wolken und Energiewellen desselben Farbtons, die aus einigen Gebäuden drangen, mit ihr verbanden.

Über der Stadt schwebten, genährt von den Einwohnern, auch viele andere Energiewellen in unterschiedlichen Farben. Manche waren hell und rein, doch die meisten hatten dunkle, abstoßende Farbtöne und wirkten wie erdrückend. Eine Wolke, die mir besonders auffiel, war weiß und schwebte über einem Kloster. Wenn sie sich anderen Wolken näherte und sie durchdrang, hellten diese Wolken sich auf.

Fast hätte ich dabei die Wolke des Zorns aus dem Blick verloren. Während ich erneut zu ihr hinüber sah, merkte ich, dass sie eine größere Wolke derselben Farbe anzog. Als beide Wolken zueinander stießen, verbanden sie sich zu einer einzigen, sehr dichten Wolke. Sie war so dicht, dass sie mir Angst machte, denn ich spürte, dass diese Zusammenballung von Zorn nichts Gutes mit sich bringen würde.

Plötzlich entdeckte ich, wie sich einige sehr starke Wellen der Wolke näherten und sie deren Richtung einschlug. Ich verfolgte die Wellen schnell zurück und gelangte dabei zu einer Luxuswohnung, in der sich ein Paar stritt.

Die Frau warf dem Mann eine finanzielle Investition vor, die sie beide ruiniert habe, während er brüllte, sie habe immer nur alles Geld ausgegeben, das er verdient habe. Die Frau erwiderte, das brauche ihn ab sofort nicht mehr zu kümmern, sie wolle ihn verlassen. Er nannte sie eine Schlampe und gab ihr eine Ohrfeige.

In diesem Augenblick drang die Wolke in die Wohnung des Paars und hüllte den Mann mit ihrer Energie ein. Nun verlor er völlig die Beherrschung und begann, heftig auf die Frau einzuschlagen. Dann legte er ihr die Hände um den Hals und erwürgte sie.

Während der Mann seine Wut herausließ, hellte sich die Wolke auf. Als sie schließlich ganz verschwand, kam der Mann wieder zu Verstand, aber da hatte die Seele der Frau schon deren Körper verlassen. Nun wurde dem Mann bewusst, was er getan hatte. Er sah die Frau an, rief sie bei ihrem Namen und schlug ihr klatschend auf die Wangen, um sie zu Bewusstsein zu bringen.

Die Szene löste sich auf, und ich befand mich mit meinem Engel und der Führerin wieder im Tunnel.

»Verstehst du jetzt?«, fragte mich Kuan Yin. »Jeder unserer Gedanken und jede unserer Taten schafft Energie. Und diese Energie verbindet sich mit anderen Energien und erzeugt dann Kraftfelder, die andere Menschen beeinflussen.«

Ich bemühte mich, das zu verstehen. »Also strahlen wir alle ständig Energie aus?«, fragte ich.

»Richtig. Und dann sammelt sie sich, kehrt zu einem zurück, beeinflusst einen. Man kann es nicht vermeiden, die Welt zu beeinflussen und von ihr beeinflusst zu werden. Wie unbedeutend es auch sein mag, was man tut, es hat stets Auswirkungen auf das Ganze. Diese Auswirkungen können positiv oder auch negativ sein, es hängt von der Art der Energie ab, die man abgibt.«

»Stell dir einfach vor, alles, was existiert, wäre eine einzige Suppe«, warf Jeremiah ein. »Fügst du an einer Stelle Salz hinzu, nimmt die ganze Suppe einen anderen Geschmack an.«

»Erinnerst du dich an die weiße Wolke, die wir über dem Kloster sahen?«, fragte mich Kuan Yin. »Es war ein von Gebeten ausgelöstes Kraftfeld und hatte die Fähigkeit, die anderen Kraftfelder zu reinigen. Das ist ein gutes Beispiel dafür, um zu verstehen, dass jeder, der betet oder in einer U-Bahn-Station singt, mehr zum Weltfrieden beiträgt als irgendeine Einheit von Blauhelmen.«

»Aber … Ich weiß noch immer nicht, ob es wirklich die Wolke war, die den Mann dazu gebracht hat, die Frau umzubringen.«

»Zunächst mal Folgendes: Die Frau ist ja gar nicht gestorben«, erklärte Kuan Yin. »Die Zeitlinie, in der die Frau erwürgt wurde, hat niemals existiert, weil deine Musik die Spannung bei diesem Jugendlichen gelöst und er keine Wolke des Zorns entwickelt hat.«

»Aha.«

»Doch in der anderen Zeitlinie war das anders«, setzte Kuan Yin nach. »Von sich aus hätte der Mann seine Frau nicht getötet. Das wäre durch den Zorn der anderen geschehen. Da er so starke Wut ausstrahlte, hätte er damit das Kraftfeld kollektiven Zorns angezogen. Und das hätte ihn letztlich blind für alles andere gemacht.«

»Wir alle spüren die fast unmerklichen Energien in unserer Umgebung«, erklärte Jeremiah, »da wir keine Inseln sind. Und wenn wir uns nicht in unserem Zentrum, nicht im Gleichgewicht befinden, lassen wir uns von diesen Energien davontragen. Deshalb hat es dich innerlich so stark berührt, wenn die Leute in der U-Bahn-Station dich verachteten.«

»Aber dann hätte dieser Mann ja unter dem Einfluss der Wolke gehandelt und wäre für den Tod der Frau gar nicht verantwortlich gewesen«, bemerkte ich.

»Letztlich doch«, entgegnete Kuan Yin, »weil es die Energie seiner Wut war, die jene Wolke anzog. Aber es trifft auch das Umgekehrte zu. Eigentlich müsste dir jetzt klar sein, dass wir alle eins sind und uns gegenseitig ständig beeinflussen. Und deshalb sind wir zum Teil mitverantwortlich für alles, das geschieht.«

»Und in diesem speziellen Fall«, fügte Jeremiah hinzu, »war einer der Gründe dafür, dass der Mann seine Frau nicht umbrachte, die Tatsache, dass wenige Minuten zuvor ein Musiker im dunklen Gang einer nahen U-Bahn-Station ein Lied sang, das von Herzen kam, und damit alle Passanten bewegte.«

»Ein junger Mann, der beides kennengelernt hatte: das Krankmachende des Erfolgs und die Arznei des Versagens«, fuhr

Kuan Yin fort. »Durch beides wurde ihm das Absurde von Kritik und Lob klar, und er erkannte, dass er sich nicht darauf stützen konnte oder beim Singen irgendetwas von anderen erwarten sollte. Deshalb beschloss er, sich auf sein Inneres zu konzentrieren und seine Stimme und sein Gitarrenspiel jedem anzubieten, der dafür empfänglich war, ohne irgendetwas im Austausch dafür zu verlangen.«

»Er gab sich völlig den Fremden hin, die an ihm vorbeigingen«, sagte Jeremiah. »Viele von ihnen hörten ihm kaum zu, doch er sang Tag für Tag mit offenem, vor allen Menschen entblößtem Herzen weiter ... Wie es nur jene können, die gelernt haben, ihre Liebe bedingungslos zu verströmen.«

»Bedingungslos, Matt«, wiederholte Kuan Yin. »Deshalb hatten deine Energiewellen so große Wirkung.«

»So große Wirkung«, warf Jeremiah ein, »dass sogar Engel dich in deinem Gang aufsuchten, um sich ihre Kraft zu bewahren.«

Ich sah Jeremiah ungläubig an, doch er erklärte: »Auch uns zieht die Schwere von Gaia hinunter, und wir nutzen alles, das uns dabei hilft, unsere Schwingungen zu verstärken. Und wenn dein Gang manchmal menschenleer war, profitierten zumindest viele von uns von deinen Songs.«

»Du siehst also, dass nichts jemals verlorene Liebesmühe ist«, sagte Kuan Yin.

Mit ihrer positiven Perspektive, die mir völlig neu war, hatten mich die beiden ja geradezu bombardiert, doch ich hatte noch viele weitere Fragen.

»Also gut«, sagte ich. »Nehmen wir mal an, dass ich den Menschen in der U-Bahn-Station und auch den Engeln tatsächlich sehr geholfen habe – und dazu beigetragen habe, Kraftfelder zu reinigen. Aber wenn ich eine Million Platten verkauft und Konzerte mit Tausenden von Besuchern veranstaltet hätte, hätte das doch wohl noch viel mehr heilsame Wolken für die ganze Welt ausgelöst, oder nicht?«

Kuan Yin lächelte. »Das hätte der Fall sein können, aber als du die ersten beiden Platten aufnahmst, hattest du noch nicht gelernt, bedingungslos zu lieben. Dein wahres Wesen kam darin auch noch nicht zum Ausdruck, da du den Produzenten eigene konventionelle Arrangements erlaubt hast, damit sich die Platten besser verkauften. Und das hat deine Kompositionen leider entstellt.«

»Aha. Aber wie steht's denn mit meinen letzten Liedern? Die waren nicht mit Arrangements aufgepeppt, und ich weiß, dass sie den Menschen gefallen hätten.«

»Deshalb ließen wir Melvin diese Lieder singen«, erklärte Kuan Yin. »Zu diesem Zeitpunkt konnte er mehr Menschen erreichen als du.«

»Aber das ist nicht fair! Schließlich habe ich diese Lieder geschrieben!«

»Na ja, eigentlich waren wir diejenigen, die sie dir übermittelt haben, genau wie wir es auch zuvor schon getan hatten«, erklärte Jeremiah. »Es stimmt jedoch auch, dass du sie verfasst hast, denn du hast viel eigene Energie hineingesteckt, um diese Lieder zu schaffen. Du hättest sie auch selbst einspielen können, aber deine Seele war nur darauf aus, deine heilende Musik den Menschen zu bringen, unabhängig davon, wer sie sang. Und das hast du erreicht.«

»Nun gut«, sagte ich. »Ich kann es hinnehmen, dass meine Seele es so wollte und Melvin diese Musik mehr Menschen vermitteln konnte als ich. Aber die letzten Lieder, die ich geschrieben habe, waren die besten, und diese haben niemanden erreicht. Ich bin davon überzeugt, dass sie, hätte ich noch ein paar Jahre gelebt, Hits geworden wären, die die Welt mit … weißen Kraftfeldern versehen hätten.«

»Gerade dein Tod wird dafür sorgen, dass deine Musik jeden erreicht«, entgegnete Kuan Yin. »Du ahnst ja gar nicht, wie viele. Schau mal!«

Mit ihrem Arm beschrieb sie einen weiten Kreis und beförderte uns zu einer anderen Szene. Wieder befanden wir uns in meinem Gang in der U-Bahn-Station, diesmal jedoch lag der Zeitpunkt ein paar Tage nach meinem Tod.

Fast hätte ich den Gang nicht erkannt, denn er war völlig von Menschen überfüllt. Fernsehteams mit Kameras führten Interviews mit den Menschen durch, die sich hier versammelt hatten, um Kerzen auf den Boden zu stellen oder Plakate an den Wänden zu befestigen. Ihre Auren waren weiß und ihre Wellen vereinigten sich mit anderen Wellen zu einem leuchtenden Kraftfeld.

»Die Überwachungskameras der U-Bahn haben den Mord an dir aufgezeichnet«, erklärte Kuan Yin. »Und die Bilder sind um die Welt gegangen. Derzeit zeigen die Fernsehsender dauernd Ausschnitte deiner Bühnenauftritte und berichten über die Geschichte des Sängers, der früher einmal Geld und Ruhm besaß, aber am Ende von irgendwelchen Nazis, die die Stadt angeblich von Pennern säubern wollten, in einer U-Bahn-Station ermordet wurde. Deine Geschichte wird enorme Wirkung haben. Wenn den Leuten vor Augen geführt wird, dass ein und dieselbe Person an einem Tag von seinen Fans bejubelt und am nächsten Tag als unerwünschte Person ermordet wird, werden viele erkennen, wie absurd dieses Wertesystem in ihrer Gesellschaft ist und der Erfolg kein Maßstab für den Wert eines Menschen sein kann.«

Wieder wechselte die Szenerie und ich landete in den Straßen von Liverpool – mitten in einem Schweigemarsch von vielen

Menschen, die alle Kerzen in den Händen hielten. Sie bildeten ein eindrucksvolles Kraftfeld des Lichts und der Liebe, das jedes andere Kraftfeld auf dem Weg des Protestmarsches reinigte. Ganz vorne sah ich meine Eltern und meine Vermieterin Margaret, die über ihren Köpfen ein Banner hielten. Darauf stand nur ein einziges Wort: TOLERANZ.

»Die Behörden werden das Anzünden von Kerzen im Gang der U-Bahn aus Sicherheitsgründen verbieten«, fuhr Kuan Yin fort. »Aber die Menschen werden sich nicht an das Verbot halten, bis eine Gedächtnistafel mit deinem Namen im Gang angebracht wird. Eine Woche nach deinem Tod wird man das Urteil in deinem Urheberrechtsstreit veröffentlichen, und deine Geschichte wird erneut von allen Medien aufgegriffen werden. Und die Menschen werden sich daran erinnern, dass es in Wahrheit keinen Unterschied zwischen einem Star und einem beliebigen Menschen gibt, der in einer U-Bahn-Station singt.«

Ein erneuter Szenenwechsel zeigte meine Eltern in ihrem Wohnzimmer. Ich brauchte ein paar Sekunden, um zu begreifen, was ich da sah, denn meine Eltern und Claire begrüßten dort keinen anderen als *Sting*.

»Sting wird Verbindung mit deiner Familie halten und einen deiner Songs aufnehmen. Mit deiner Musik und seiner Interpretation wird dein Song *Open to Life* bald zu einer internationalen Hymne für Toleranz werden.«

Als ich all das sah und hörte, öffnete ich mich unwillkürlich Jeremiah und Kuan Yin gegenüber und war wirklich äußerst bewegt.

4

Der Rückblick auf mein Leben

Sobald sich meine Aufregung gelegt hatte, kehrten mein Schutzengel und meine Führerin mit mir in den Tunnel zurück. »Verstehst du jetzt, warum ich nichts getan habe, um deine Ermordung zu verhindern?«, fragte mich Jeremiah.

»Vermutlich hast du sie zugelassen, damit meine Geschichte auf der Erde mehr Wirkung hat«, entgegnete ich.

»Genau. Und begreifst du jetzt auch, warum man dich wegen deines Lebens verehrt?«, fragte Kuan Yin.

»Na ja, eigentlich nicht. Es stimmt zwar, dass mir nicht bewusst war, wie viel Energie ich ausstrahlte, und ich nicht ahnte, dass mein Tod eine so positive Wirkung haben würde … Aber ich habe auch viele schlechte Dinge geschehen lassen.«

»Wir haben auch niemals behauptet, dass dein Leben in jeder Hinsicht perfekt war«, sagte Kuan Yin. »Du hast auch Fehler gemacht, aber die sind so unbedeutend, dass deine positiven Aktivitäten sie bei weitem überwiegen.«

»Allerdings sind das nicht die Tätigkeiten, die du auf deiner Liste als positiv vermerkt hast«, setzte Jeremiah mit einem verschmitzten Lächeln nach. »Manche davon waren eher Fehler als Erfolge.«

Das verwirrte mich. Nun musste ich nicht nur hinnehmen, dass meine Fehler als Erfolge gewertet wurden, sondern die beiden behaupteten auch, dass die wenigen Dinge, die ich als Erfolge verbucht hatte, in Wahrheit Fehler gewesen seien.

»Ihr treibt mich noch in den Wahnsinn!«, sagte ich. »Das müsst ihr mir schon erklären!«

»Versteht sich«, erwiderte Jeremiah. »Weißt du noch, dass du es als Plus verbucht hast, deinem Nachbarn Rob Geld zur Eröffnung einer eigenen Autowerkstatt geliehen zu haben?«

»Ja, natürlich.«

»Nun ja. Das hast du zwar in bester Absicht getan, es war aber trotzdem keine gute Idee«, meinte Kuan Yin. »Rob hätte in der Werkstatt bleiben sollen, in der er ursprünglich gearbeitet hat. Er und sein Chef waren übereingekommen, dort Seite an Seite zu arbeiten, um die Feindseligkeit zu begraben, die beide schon seit mehreren Lebensspannen so stark nach unten zog.«

»Also habe ich sie an ihrer Versöhnung gehindert?«

»Nein, du hast sie nur hinausgezögert«, fuhr Kuan Yin fort. »Rob machte mit seiner Werkstatt Konkurs und heuerte wieder bei seinem früheren Chef an. Und schließlich schafften sie es, ihre Probleme miteinander zu klären.«

»Gott sei Dank.«

»Es gibt noch mehr solche Dinge, die du als positiv gewertet hast, die es aber gar nicht waren«, sagte Jeremiah. »Beispielsweise, dass du bei Wohltätigkeitskonzerten und für einen Spendenmarathon in einer Fernsehshow aufgetreten bist.«

»Aber das war doch immer für einen guten Zweck!«, wandte ich verblüfft ein. »Haben die Veranstalter die Einnahmen denn etwa veruntreut?«

»Nein, die Einnahmen sind schon für gute Zwecke ausgegeben worden«, gab Jeremiah zurück. »Nur waren solche Auftritte gar nicht deine Aufgabe. Wenn du nämlich jedem deine guten Taten vor Augen führst, verhältst du dich keineswegs selbstlos. Hast du je den Spruch gehört: ›Lass deine linke Hand nicht wissen, was die Rechte tut‹?«

»Ja, jetzt verstehe ich, worauf du hinaus willst.«

»Außerdem hast du deinen Auszug aus dem Haus deiner Eltern positiv bewertet, weil du es als Entlastung deiner Familie empfandest«, fügte Kuan Yin hinzu.

»Allerdings wäre es deinem Vater besser gegangen, wärest du geblieben, weil er sich noch weiter in der Akzeptanz deiner Person üben musste. Und Monate danach – als deine Eltern herausfanden, dass du in der U-Bahn-Station als Straßensänger auftratst – hat er einen Riesenschritt auf dich zu getan: Er bot dir nämlich an, nach Hause zurückzukehren. Aber das wolltest du nicht und hast ihm damit die Möglichkeit genommen, sich um dich zu kümmern. Das hätte jedoch sehr zur Entwicklung deines Vaters beigetragen.«

»Das verstehe ich. Es tut mir leid.«

»*Lernen zu geben* ist sehr schwierig, aber *lernen zu empfangen* ist noch schwieriger«, sagte Kuan Yin.

»Nun ja, das sind Dinge, die du nicht gerade gut bewerkstelligt hast«, ergänzte Jeremiah. »Doch mach dir keine Sorgen. Es sind Kleinigkeiten, die du mit anderen Dingen längst aufgewogen hast.«

»Aber … Ich bin immer noch der Meinung, dass euch einige Kenntnisse über mein Leben fehlen. Ich habe auch sehr viel Schlechtes getan.«

»Welche Kenntnisse meinst du damit?«, fragte Kuan Yin mit einem spitzbübischen Lächeln.

»Zum Beispiel habe ich Kerry ausgenutzt, um meine Platte produzieren zu können. Und später habe ich sie und mein Kind im Stich gelassen.«

»Ich will dir ja nicht zu nahe treten, Matt«, erwiderte Kuan Yin, »aber ich würde sagen, dass du derjenige bist, der einiges nicht weiß. Ich bin davon überzeugt, dass du, könntest du einige andere Dinge erkennen, deine angeblich größten Fehler nicht mehr als Fehler betrachten würdest.«

»Tatsächlich? Welche Dinge sollte ich deiner Meinung nach denn erkennen?«

»Die Vereinbarungen für dein künftiges Leben, die deine Seele vor der Inkarnation getroffen hat«, antwortete Kuan Yin. »Am besten, ich zeige dir, welches Leben für dich vorgesehen war. Du erinnerst dich jetzt zwar nicht mehr daran, aber auch ich war damals anwesend.«

5

Die Besprechung meines Lebensplans

Wieder beschrieb Kuan Yin einen Kreis in der Luft, und sofort befand ich mich in der Mitte eines sphärischen Raums. Als ich zur Decke blickte, sah ich, dass dieser Raum oval wie ein Ei war, als symbolisiere er einen Ort, an dem neues Leben entsteht.

In dem Raum befanden sich viele Wesen, die in unterschiedlichen Farbschattierungen leuchteten. Alle hatten sehr schöne Gesichtszüge und trugen farbige Tuniken. Dabei hatten sie keine eindeutigen Geschlechtsmerkmale und ihre Gesichter wirkten alterslos. Zwar kamen sie mir irgendwie alt vor, sie wiesen jedoch keinerlei Falten oder Runzeln auf. Manche von ihnen erregten dadurch meine Aufmerksamkeit, dass von ihren Nabeln abwärts ein gleißender Lichtstrang bis zum Boden verlief.

Genau wie im Tunnel begannen mein Schutzengel und meine Führerin meine nicht gestellten Fragen zu beantworten.

»Den Strang, den du siehst, nennt man die Silberschnur«, erklärte Kuan Yin. »Er verbindet diese Seelen mit ihren Körpern. Ein solches Band zeigt an, dass die entsprechende Seele gerade auf Gaia inkarniert ist. Dazu solltest du wissen, dass nur ein Teil der Seele inkarniert. Er bildet die ursprüngliche Persönlichkeit. Diese Seelen leuchten deshalb weniger als die anderen, weil man nur einen Teil davon sieht.«

»Aber wie können sie hier sein, wenn sie auf Gaia inkarniert sind?«, fragte ich.

»Weil der Körper derzeit schläft«, entgegnete Jeremiah. »Der inkarnierte Teil der Seele kann dann den Körper verlassen und sich mit den hier verbliebenen anderen Seelen vereinigen.«

Das verstand ich, obwohl ich mich nicht daran erinnern konnte, jemals ein solches Zusammentreffen in meinen Träumen erlebt zu haben.

»Es ist schwer, sich daran zu erinnern, da es Teil einer Realität ist, die deinem Leben auf Gaia sehr fern und fremd ist«, sagte Jeremiah.

Mir fiel auf, dass alle Seelen – ob inkarniert oder nicht – durch drei konzentrische Kreise miteinander verbunden waren. Ich merkte, dass sie sich auf telepathische Weise miteinander verständigten, konnte aber nur einzelne Satzfetzen verstehen.

»Du erkennst deine Seele nicht?«, fragte mich Kuan Yin.

Ich wusste nicht, was ich erwidern sollte, fühlte mich jedoch besonders zu einer Seele in einer hell orangefarbenen Tunika im zentralen Kreis hingezogen.

Ihr Gesicht war nicht so wie meins, sondern hatte feine, engelhafte Züge. Dennoch war mir dieses Gesicht irgendwie vertraut. Es war geradeso, als blickte ich auf ein Foto, das mich als Kind zeigte. Als ich mich der Seele näherte, bemerkte ich ihre Energie. Ich fühlte mich, als wäre ich nach einer langen Reise nach Hause zurückgekehrt.

»Gut so, halte dich an deine Seele«, sagte Kuan Yin. »Deren Energie wird dir dabei helfen, das Gespräch zu erfassen, sodass du dich später an diese Zusammenkunft erinnern kannst.«

Ich konnte mich an nichts erinnern, war aber völlig verblüfft, als mir klar wurde, dass ich alle hier anwesenden Seelen erkannte, obwohl deren Gesichter anders aussahen als früher auf der Erde.

Ich weiß nicht, ob ich ihre Anwesenheit oder ihre Energie erkannte, aber ich wusste genau, wer jeder war.

In dem Kreis, in dem ich mich befand, waren die Seelen meines Vaters, meiner Mutter und meiner Schwester Claire, außerdem die meiner Großeltern mütterlicher- und väterlicherseits, wobei die mütterlicherseits mit einem silbernen Band verbunden waren und eher verschwommen wirkten.

In einem zweiten Zirkel, außerhalb des unseren, entdeckte ich die Seelen von Kerry und Spencer sowie meiner Onkel und Tanten, meines Nachbarn Rob und meines Gitarrenlehrers. Zwei weitere Seelen, die von Kerrys Vater und meiner Vermieterin Margaret, waren ebenfalls mit silbernen Bändern verbunden.

Im dritten und letzten Kreis sah ich die Seelen der Lehrer meiner beiden weiterführenden Schulen, die des Personals der Entzugsklinik und die vieler Pendler, die in der U-Bahn-Station an mir vorbeigegangen oder auch stehen geblieben waren, außerdem einige andere, die ich nicht einordnen konnte.

Mitten im Raum stand Kuan Yin mit einer durchsichtigen Pergamentrolle, auf der digital übermittelte Informationen auftauchten. Sie eröffnete die Sitzung mit den Worten: »Jetzt sind wir alle hier versammelt.«

Daraufhin hörten alle Seelen auf, miteinander zu kommunizieren, damit Kuan Yin fortfahren konnte.

»Wir haben die Familie eurer Seelen zu dieser Zusammenkunft eingeladen, weil einige der seelisch Reiferen von euch den Wunsch geäußert haben, gemeinsam mit einer weniger entwickelten Seele zu inkarnieren.«

»Ja, das stimmt«, sagte die Seele meiner Mutter.

Kuan Yin deutete auf meine Seele und wies sie an, nach vorne, in die Raummitte, zu kommen. »Du bist dran, Dulei.«

Der Name Dulei berührte etwas tief in meinem Inneren. Ich war mir völlig sicher, dass er mir viel bedeutete, konnte mich aber nicht daran erinnern, wo ich ihn schon gehört hatte.

»Dulei«, sagte Kuan Yin, »ist zwar eine erst jüngst geborene Seele, hat aber beschlossen, ihren Inkarnationszyklus als Mensch auf Gaia zu beginnen.«

Auf telepathische Weise murmelten nun alle Anwesenden miteinander, doch ich konnte nichts von dem, was sie sagten, verstehen, weil sich die Worte überlappten.

»Dulei ist klar, dass das sehr riskant ist«, setzte Kuan Yin nach. »Wir haben als erste Inkarnation eine im Reich der Tiere vorgeschlagen. Dulei möchte jedoch unbedingt Erfahrungen als Mensch machen, denn diese Seele glaubt, so am meisten bewirken zu können.«

»In der Quelle allen Seins bestand meine Aufgabe darin, Schwingungen zu erzeugen«, erklärte meine Seele. »Und meiner Meinung nach könnte ich auf Gaia dort, wo es am meisten nötig ist, zur Stärkung der Schwingungsfrequenzen beitragen.«

»Als Mensch zu leben erfordert sehr viel Anpassung, Dulei«, sagte die Seele meines Vaters. »Bei der ersten Inkarnation als Mensch scheitern die meisten Seelen schon bei der Geburt.«

»Ich weiß«, erwiderte meine Seele. »Und ich habe auch gehört, dass es die Mehrheit nicht schafft, vollständig zu inkarnieren. Ein Teil ihrer Persönlichkeit verbleibt in der sechsten Dimension.«

»Ja, auf Gaia bezeichnen wir diese Wesen als Autisten«, warf die Seele meiner Mutter ein.

»Ihr wisst alle, dass bei allen, die an die Dichte der dritten Dimension nicht gewöhnt sind, ein sehr hohes Risiko für Selbstmord, Autismus und Drogenabhängigkeit besteht«, bemerkte Kuan Yin. »Aber das Wichtigste ist die Einschätzung, ob diese Risiken mit dem jeweiligen Lebenssinn vereinbar sind.«

»Was bedeutet Drogenabhängigkeit?«, wollte meine Seele neugierig wissen.

»Sie bedeutet auf Gaia, häufig Stoffe zu sich zu nehmen, die das Bewusstsein eintrüben«, erwiderte die Seele meines Vaters. »Es ist so, als flüchtete man vorübergehend mit einem Teil seines Selbst aus der Realität, weil die physische Bedrängung durch diese Welt einem unerträglich vorkommt.«

Kuan Yin blickte auf ihre Pergamentrolle. »Die Kernfamilie wird aus euch dreien bestehen, stimmt's?«, fragte sie.

»Genau. Ich werde die Tochter sein und diese beiden die Eltern«, erklärte Claire.

»Glaubt ihr, dass Duleis Erlebnisse mit euren Zielen vereinbar sein werden?«, wollte Kuan Yin wissen.

»In meinem Fall ja«, antwortete die Seele meiner Mutter. »Ich habe darum gebeten, zusammen mit einer weniger entwickelten Seele inkarnieren zu dürfen, weil das, was ich in diesem Leben vor allem lernen will, Mitgefühl ist. Duleis Autismus oder Drogenabhängigkeit würden mich zu mehr Anteilnahme und Geduld zwingen. Über die Möglichkeit des Selbstmords habe ich noch gar nicht nachgedacht, aber ich glaube, auch das würde mich dazu zwingen, an meiner Fähigkeit zu Vergebung und Mitgefühl zu arbeiten. Und das heißt nicht nur, Vergebung und Mitgefühl im Hinblick auf Dulei zu entwickeln, sondern auch, mir selbst zu verzeihen und Anteil an mir zu nehmen.«

»Ich vertraue darauf, dass dir klar ist, was du da sagst«, entgegnete Kuan Yin. »Ein Kind durch Selbstmord zu verlieren ist eine der bittersten Erfahrungen für einen Menschen. Ich könnte mir vorstellen, dass ein solches Ereignis den Lebensplan von dir und deinem Partner zerstören würde, denn von einem solchen Erlebnis erholen sich viele Menschen nie wieder.«

»Ich weiß«, meldete sich die Seele meines Vaters zu Wort. »In meiner Akte kannst du lesen, dass in meinem vergangenen Leben eines meiner Kinder Suizid begangen hat. Aber ich glaube, wenn es nochmals passiert, kann es meiner Entwicklung nur nützen.«

»Alle diese Möglichkeiten werden auch mir nützen«, sagte Claires Seele. »In diesem kommenden Leben muss ich lernen, mehr in mir selbst zu ruhen. Der Suizid eines Bruders oder einer Schwester würde mich dazu bewegen, mein Leben höher wertzuschätzen und insgesamt zu verbessern. Und da weder Autisten noch Drogenabhängige tief in der irdischen Realität verwurzelt sind, würde bei mir die Motivation wachsen, mich darin möglichst fest zu verankern.«

»Was hältst du von diesen möglichen Situationen im Hinblick auf das eigene Dazulernen?«, fragte Kuan Yin die Seele meines Vaters.

»Nun ja, der Sinn des kommenden Lebens besteht für mich darin, Akzeptanz zu lernen. Deshalb ist jedes ernsthafte Problem nützlich für mich. Darf ich fragen, wie wahrscheinlich ein Selbstmord ist?«

Kuan Yin blickte auf die Pergamentrolle. »Bei einer ersten Inkarnation als Mensch in der dritten Dimension liegt die Wahrscheinlichkeit bei siebzig Prozent.«

»Nun gut. In diesem kommenden Leben würde ich mich gern an mein spirituelles Wesen erinnern, denn in meinem vergangenen Leben war ich völlig erdgebunden. Ich glaube, der Selbstmord eines Kindes würde mich zwingen, innezuhalten und darüber nachzudenken, warum wir am Leben sind und ob es da draußen noch etwas anderes gibt.«

»Aber selbst wenn Dulei sich nicht das Leben nimmt, musst du berücksichtigen, dass die ersten Inkarnationen nicht sehr lange währen. Also wirst du während deiner Lebenszeit auf jeden Fall ein Kind verlieren.«

»Falls mein Leben nur kurz sein sollte«, sagte meine Seele, »dann hoffe ich, dass mir zumindest genügend Zeit bleibt, die Schwingungen für jene Menschen zu schaffen, die sie am meisten benötigen.«

Kuan Yin tippte etwas ein. »Keine Sorge«, sagte sie, »wir können dir die Sache leichter machen, indem du die Schwingungen in Form von Liedern erschaffst und schon in deiner Jugend damit beginnst. Wir werden dich mit Inspiration, guten Lehrern und Chancen für deinen Erfolg versorgen. Und wir können dir die Wahl lassen, ob du die Erde mit vierundzwanzig, achtundzwanzig oder dreißig Jahren verlässt. Durch eine Überdosis an Drogen, einen Autounfall oder einen Mord.«

»Einen Mord?«

»Ja, Mord. Falls du Songs komponieren kannst, Dulei, die bei deinen Zuhörern tatsächlich starke positive Schwingungen erzeugen, wäre deine Ermordung die beste Lösung, dein Leben auf der Erde zu beenden. Dann würden sich die Menschen viel stärker an dich erinnern und deine Musik hätte eine viel größere Wirkung.«

»Sieh an. Natürlich kennt ihr euch alle besser mit solchen Dingen aus als ich.«

»Ist hier jemand, der den Mord durchführen will?«, fragte Kuan Yin in die Runde.

»Ja, ich«, antwortete die Seele des Skinheads, die in der dritten Reihe saß. »Ich habe in einem meiner früheren Leben einen Mord begangen und konnte die Schuldgefühle niemals abschütteln. Aber ich glaube, dass ich diesmal, falls ich den Mord als junger Mensch begehe, viele Jahre lang versuchen würde, mir selbst zu vergeben, und schließlich weiter vorankommen könnte.«

Erneut tippe Kuan Yin etwas ein.

»Ja, das wäre möglich«, sagte sie, ohne den Blick zu heben. »Es wäre allerdings am besten, wenn du im kommenden Leben Angehöriger einer Gruppe von Rassisten wärst, dann wird den Menschen ihre Intoleranz eher bewusst werden.«

»Kommt mir richtig vor. Aber werde ich nicht noch mehr schlechtes Karma auf mich ziehen, wenn ich Dulei ermorde?«, fragte die Seele des Skinhead.

»Nein, in diesem Fall nicht«, antwortete Kuan Yin, »weil dir bereits klar ist, dass es falsch ist, anderen Menschen das Leben zu nehmen, und der Mord nur geschehen wird, um dir deine Schuldgefühle zu nehmen. Hat irgendjemand Einwände gegen diese Lösung?«

Da niemand etwas sagte, tippte Kuan Yin weiter und fragte meine Seele: »Für welches Geschlecht hast du dich entschieden, Dulei?«

»Ich weiß nicht so recht. Ich würde gern wissen, was meiner Familie am liebsten wäre.«

»Für mich wäre es am besten, wenn du männlich bist«, erklärte die Seele meines Vaters. »Dann könnte ich mich mehr mit dir identifizieren, und es würde mich stärker berühren, dich zu verlieren.«

»Mir ist das Geschlecht egal«, meinte die Seele meiner Mutter.

»Mir auch«, sagte Claires Seele.

»Also gut, dann werde ich männlichen Geschlechts sein«, entgegnete meine Seele.

»Entschuldigt bitte, aber wenn Dulei männlich ist, wäre es mir sehr lieb, wenn er auch mir hilft«, warf Kerrys Seele aus der zweiten Reihe ein.

»Lass uns hören«, forderte Kuan Yin sie auf.

»In meinen früheren Leben hat man mich nicht genügend geschätzt. Immer war ich nur das Kind, die Ehefrau oder Mutter von jemandem. Ich glaube, es würde mir helfen, wenn ich einen autistischen oder drogenabhängigen Ehemann hätte, der jung stirbt. Das würde mich zwingen, meine Kinder allein aufzuziehen. Und wenn ich diesmal Mutter und Vater in einer Person sein kann, werde ich meiner Meinung nach die Selbstachtung erwerben, die mir bisher gefehlt hat.«

»Das ist ein guter Lebensplan«, meinte Kuan Yin.

»Ich bin bereit, ihr Kind zu sein«, sagte Spencers Seele. »In vielen meiner früheren Leben habe ich meine Ehefrauen und Kinder im Stich gelassen. In meinem letzten Leben verstand ich schließlich, was ich meinen Ehefrauen damit angetan habe, denn ich inkarnierte als Frau, die von ihrem Mann verlassen wurde. In meinem nächsten Leben würde ich gern als vaterloses Kind geboren werden, damit mein Karma endlich gesundet.«

»Wie du möchtest. Aber Dulei muss sich erst damit einverstanden erklären, die Rolle eines Vaters zu spielen«, sagte Kuan Yin.

»Ich weiß nicht, ob ...«, warf meine Seele schüchtern ein. »Ich möchte niemanden verletzen.«

»Keine Sorge«, fuhr Kuan Yin fort. »Deine Familie im Stich zu lassen würde dir in diesem Fall kein negatives Karma einbringen, da es eine Rolle ist, die du auf deren Wunsch übernimmst. Im Gegenteil wirst du positives Karma sammeln, weil du den Seelen, die dir eine unangenehme Rolle zumuten, einen Gefallen tust.«

»Dann bin ich damit einverstanden«, erklärte meine Seele.

Bei diesen Worten löste sich die Szene auf und ich tauchte erneut im Tunnel auf.

»In dieser Sitzung habt ihr alle euch noch auf viele weitere Einzelheiten deines künftigen Lebens geeinigt«, berichtete Kuan Yin. »Aber jetzt hast du meiner Meinung nach genug gesehen.«

»Kuan Yin wollte dir damit zeigen, dass du dich bewusst dafür entschieden hast, für solche Menschen zu singen, die ein seelisches Hochgefühl am meisten brauchen«, sagte Jeremiah. »Deine Seele beschloss, sich mitten auf das Schlachtfeld zu begeben. Deshalb bestand meine Aufgabe darin, dir nicht nur zum Erfolg zu verhelfen, sondern auch deine Schritte zu leiten, bis sie dich schließlich in den Gang einer U-Bahn-Station führten.«

Durch die Informationen, die ich während der Besprechung meines Lebensplans erhalten hatte, konnte ich die einzelnen Phasen meines Lebens nun wie zu einem Puzzle zusammenfügen. Jetzt verstand ich, warum mich stets nur die Musik interessiert hatte, wieso mein zweites Album nicht gut angekommen war, obwohl ich mein Bestes versucht hatte, dafür zu werben, und wieso ich nicht fähig gewesen war, eine feste »normale« Arbeitsstelle anzunehmen. Mir war jetzt klar, dass sich die Dinge in meinem Leben zwangsläufig so entwickelt hatten, dass ich schließlich als Straßensänger in einer U-Bahn-Station gelandet war. Plötzlich begriff ich, dass alles so geschehen war, wie es hatte sein sollen. Nur hatte ich versucht, gegen den Strom zu schwimmen, und dadurch einiges vermasselt.

»Stimmt«, sagte Kuan Yin. »An manchen Punkten bist du tatsächlich gegen den Strom geschwommen. Aber du hast ja gesehen, dass du dein Ziel letztlich erreicht und unsere Erwartungen sogar übertroffen hast.«

»Ich würde sagen, dass du auch mehr erreicht hast, als du gegenwärtig vermutest«, setzte Jeremiah nach. »Du solltest stolz darauf sein.«

»Halt mal«, unterbrach ich die beiden. »Ich weiß jetzt, dass vieles Negative, das ich getan habe, vorher so vereinbart wurde. Und ich verstehe auch, dass ich in diesen Fällen bestimmten Seelen geholfen habe. Aber ihr könnt sagen, was ihr wollt: Nach wie vor bin ich nicht stolz auf gewisse andere Dinge, die geschehen sind.«

»Du bist zu streng mit dir, Matt«, erwiderte Kuan Yin. »Es war deine erste Inkarnation als Mensch, und du hast ja selbst gehört, dass sie in den meisten Fällen zum Selbstmord führt. Schon dass du in deinem ersten Leben auf der Erde keinen Selbstmord begangen hast, ist eine Leistung.«

Mir fiel ein, dass mir der Gedanke an Selbsttötung oft durch den Kopf gegangen war, ich jedoch niemals versucht hatte, ihn in die Tat umzusetzen.

»Ich glaube, ich habe ein wenig dazu beigetragen, dass du dir nicht das Leben genommen hast«, erklärte Jeremiah. »Doch letztlich warst du es selbst. Du hast dich selbst dafür entschieden, auf mich zu hören.«

»Erzähl uns, welche Dinge du deiner Meinung nach falsch gemacht hast und auch jetzt noch für falsch hältst, Matt«, forderte Kuan Yin mich auf.

»Na ja, manche Dinge, die ich getan habe, waren in der Besprechung meines Lebensplans nicht festgelegt worden. Und ich glaube, sie haben großen Schaden angerichtet.

»Auf was beziehst du dich dabei?«, wollte Jeremiah wissen.

»Nun, dass ich Kerry erpresst habe, dass ich den Schmuck meiner Mutter gestohlen habe und auch Schuld daran war, dass sie ihre Arbeit als Immobilienmaklerin verloren hat.«

»Dafür fällt mir eine Lösung ein«, sagte Jeremiah. »Wenn du die Betroffenen direkt darauf ansprichst, werden sie dir meiner Meinung nach eine andere Version dieser Geschichten erzählen.«

»Ach ja? Kannst du sie hierher holen?«

»Es gibt einen viel simpleren Weg«, antwortete Kuan Yin. »Du könntest ja einfach durch den Tunnel gehen – aber nicht zu Gaia, sondern zum Himmel.«

»Hätten wir dir verraten, dass dich bei deiner Ankunft im Himmel viele dir vertraute Seelen willkommen heißen werden, würdest du sicher annehmen, dass sie schon lange auf dich gewartet haben. Aber du hast sie durch deinen langen Aufenthalt im Tunnel keineswegs warten lassen. Dort existiert Zeit nämlich nicht.«

Ich versuchte erst gar nicht, diesen letzten Satz zu verstehen. Viel mehr faszinierte mich die Aussicht darauf, mit den Seelen meiner Familienangehörigen zu sprechen. Deshalb lächelte ich einfach, erklärte mich einverstanden und verließ mit meinem Schutzengel und meiner Führerin den Tunnel. Ich freute mich wirklich sehr auf das Wiedersehen und die Gelegenheit, mich von Angesicht zu Angesicht (oder von Seele zu Seele) bei ihnen entschuldigen zu können.

6

Die Begegnung mit meinen Seelen-verwandten im Himmel

Nachdem ich den Tunnel verlassen hatte, befand ich mich plötzlich auf einer riesigen, strahlend schönen Wiese, nahe bei einem Fluss, der unten in einem wunderbar idyllischen Tal verlief. Mich überraschte, dass sowohl meine Führerin als auch mein Schutzengel so wirkten, als hätten sie diese Landschaft noch niemals gesehen.

»Wir haben das hier tatsächlich noch nie gesehen«, erklärte Kuan Yin. »Das ist nämlich *dein* Himmel.«

»Der Teil deiner Seele, der nicht inkarniert ist, hat diesen Ort so geschaffen, wie es deiner Vorstellung vom Himmel entspricht«, ergänzte Jeremiah. »Aber das ist jetzt nicht so wichtig. Wichtig ist das, was sich hinter dir befindet.«

Als ich mich umdrehte, stellte ich fest, dass mich die Seelen meiner Großeltern, meiner Eltern sowie die von Claire, Kerry, Spencer, Duncan und sogar die meiner Vermieterin Margaret umgaben. Ich wünschte mir nichts lieber, als dass mich alle umarmten, und spürte, dass sie sich über das Wiedersehen genauso freuten wie ich.

Die meisten waren durch Silberschnüre miteinander verbunden, nur meine Großeltern nicht. Sie hatten sich bereits aus ihren früheren Inkarnationen gelöst. Ihre Seelen waren viel kompakter und heller als die der anderen.

Ich begrüßte einen nach dem anderen. Dabei schauten wir einander mit echter Zuneigung und aufrichtigem Vertrauen in die Augen und erkannten uns als das, was wir in Wahrheit waren: Seelengefährten, die gemeinsam eine erstaunliche Reise gemacht hatten.

Sogar die Begegnung mit meinem Mörder verlief sehr emotional. Er erklärte, er sei noch am selben Tag verhaftet worden und ins Gefängnis Ashfield gekommen, wo ihm ein Team von Psychologen sehr geholfen habe. Wir sprachen auch über Einzelheiten des Mordes, als versuchten wir, uns an eine Anekdote aus längst vergangener Zeit zu erinnern. Mir kam es so vor, als wären wir zwei Schauspieler, die einander herzlich begrüßten, nachdem sie in einem Theaterstück zwei Feinde hatten mimen müssen.

Mit allen tauschte ich bei der Begrüßung ein Lächeln und eine Umarmung aus, bis Kuan Yin mich unterbrach und mir mitteilte, wir könnten nicht viel länger bleiben, da die inkarnierten Seelen bald in ihre schlafenden Körper zurückkehren müssten.

Also nahm ich alle Kraft zusammen und sagte: »Die Gelegenheit, dass ihr alle hier versammelt seid, würde ich gern dazu nutzen, über all das zu reden, was ich meiner Meinung nach falsch gemacht habe. Ich weiß sehr wohl, dass wir viele meiner Handlungen im Voraus geplant haben. Aber ich habe auch viele andere Dinge getan, die so nicht vorgesehen waren und euch verletzt haben.«

Claires Seele ergriff als Erste das Wort. »Kuan Yin hat mir erzählt, dass du ein schlechtes Gewissen hast, weil du das Geld angenommen hast, das eigentlich mein Studium finanzieren sollte. Doch ich möchte dir sagen, dass ich sowieso nie die Universität besuchen wollte. Meiner Führerin war klar, dass ich dafür nicht geeignet war. Du weißt ja, dass ich mit dem Kopf immer in den Wolken hing und mir ein genauso verrücktes Leben wie deines wünschte. Da war es nur gut, eine Arbeitsstelle anzunehmen, denn dadurch konnte ich mir selbst den Wind aus den Segeln nehmen und zu innerer Ruhe finden.«

»Auch ich habe keinen Grund, dir Vorwürfe zu machen«, erklärte Kerrys Seele zu meiner Verblüffung. »Eigentlich ganz im Gegenteil: Ich möchte dir dafür danken, dass du mir so sehr geholfen hast. Dadurch, dass du mich so offensichtlich hintergangen und erpresst hast, hast du es mir wirklich leicht gemacht, die Selbstliebe in mir zu wecken. Meine Führerin hatte vorausgesagt, ich würde erst im Alter von vierzig Jahren lernen, unabhängig zu leben. Also muss ich dir dafür danken, dass ich es mit deiner Hilfe schon viel früher gelernt habe und ich weniger leiden musste als ursprünglich erwartet.«

»Ich habe ebenfalls das Gefühl, dass ich dir Dank schulde«, sagte die Seele meines Vaters. »Nicht nur dafür, dass du mir Akzeptanz beigebracht hast, sondern auch für deinen Abgang aus der irdischen Welt, das war der letzte Schliff für mich. Jetzt muss ich mich nicht nur darauf konzentrieren, was Leben und Tod bedeuten, sondern mich auch mit Gewalttätigkeit und Toleranz beschäftigen, denn man wird mich als Redner zu einigen Veranstaltungen einladen.«

»Stimmt«, ergänzte die Seele meiner Mutter. »Man hat uns gebeten, in deinem Namen eine Stiftung einzurichten, und das werden wir vielleicht auch tun. Die Tantiemen aus deinen Liedern sind ein recht gutes Startkapital dafür.«

»Großartig«, erwiderte ich. »Ich bin so froh, dass ihr etwas von dem Geld zurückbekommen könnt, das ihr für mich ausgegeben habt.«

»Du weißt doch, dass Geld uns nie wichtig war«, sagte die Seele meiner Mutter. »Schlimmer war es, dass du den Schmuck meiner Mutter gestohlen hast, aber von hier aus, als Seele, verstehe ich, dass du mir damit auch etwas gegeben hast. Ich danke dir aus tiefstem Herzen dafür.«

»Was meinst du mit ›gegeben‹?«, fragte ich verwirrt.

»Du hast mich gelehrt, die Vergangenheit hinter mir zu lassen und der Gegenwart den Vorrang einzuräumen. Du musst wissen, dass dieser Schmuck in energetischer Hinsicht eher eine Last für mich war. Und du hast mich davon befreit.«

»Ich will nicht bestreiten, dass da was dran ist, möchte aber trotzdem, dass du mir den Diebstahl vergibst. Und mir auch verzeihst, dass ich dir dein Immobiliengeschäft kaputt gemacht habe.«

»Na ja, du wirst es mir sicher nicht glauben, aber selbst das betrachte ich als Geschenk, denn ich hatte das Geschäft nicht ehrlich geführt. Die Lizenz für die Immobilienvertretung wurde mir nur gekündigt, weil du die Art und Weise, wie ich die Dinge angepackt habe, nachgeahmt hast. Und um die Lizenz zurückzubekommen, musste ich lernen, mich anständig zu verhalten. Das war ein zusätzlicher Lernprozess, der dieses Leben mit sich brachte, und den habe ich dir zu verdanken.«

»Wir müssen jetzt gehen«, sagte die Seele meines Vaters.

»Pass auf dich auf, Matt«, sagte die Seele meiner Mutter.

»Wir werden uns bald wieder treffen, aber ruf uns, dann kommen wir zu dir«, sagte die Seele meiner Schwester Claire.

Und sofort danach verschwanden sie alle.

Ich konnte mich nicht angemessen von ihnen verabschieden, weil ich immer noch leicht verwirrt war und damit beschäftigt, das alles zu begreifen. Ich kam mir vor wie der Protagonist in dem Film *The Truman Show*, denn irgendwie hatte ich noch immer das Gefühl, dass alle diese Seelen Schauspieler waren, die mich glauben machen wollten, ich hätte alles ausgezeichnet hinbekommen.

Als ich darüber nachdachte, ging mir auf, dass es nur zwei plausible Erklärungen gab: Entweder es war alles nur eine gigantische Fassade, um mich etwas glauben zu machen, das nicht stimmte. Oder ich hatte tatsächlich ein erstaunliches Leben hinter mir. Und nach all den Erläuterungen, die man mir gegeben hatte, tendierte ich eher zur zweiten Möglichkeit. Ich will damit nicht sagen, dass ich nun dachte, alles richtig gemacht zu haben, doch ich akzeptierte, dass alles Schlechte, das ich getan hatte, genau das erfüllte, worum ich gebeten hatte – oder auch das, was alle anderen zu ihrer Weiterentwicklung gebraucht hatten.

Aber obwohl ich das gern glauben wollte, konnte ich nicht alles einfach so hinnehmen. Sie forderten von mir, dass ich mich um 180 Grad von dem Bild wegdrehte, das ich von mir selbst hatte. Es verwirrte mich, dass alles, was ich meiner Meinung nach falsch gemacht hatte, in Wahrheit richtig gewesen sein sollte. Und dass manche Dinge, die ich für gut gehalten hatte, in Wahrheit schlecht gewesen sein sollten.

Wie sollte ich jetzt wissen, was gut und was schlecht war? Ich glaubte, nie wieder mich selbst oder andere einschätzen zu können, da mir so viele Informationen fehlten, dass ich wahrscheinlich genau die falschen Schlüsse ziehen würde.

Während meines Lebens war ich mir oft wie eine rollende, mit Nägeln besetzte Kugel vorgekommen, die jeden verletzte, der meinen Weg kreuzte. Doch gerade hatten mir alle zu verstehen gegeben, dass meine Nägel perfekt in die dafür vorgesehenen Löcher gepasst hatten.

Jedes Mal, wenn wir zusammenstießen, hätten sie, wie sie sagten, einen meiner Nägel als Geschenk betrachtet, um ihn in eines ihrer Löcher einzuschlagen.

Zwar schien aufgrund ihrer Erklärungen alles einen Sinn zu ergeben, doch etwas in mir lehnte all diese Erklärungen immer noch ab. Und genau dieses Etwas weckte in mir einen zusätzlichen Argwohn.

Alles, was ich getan hatte – alles, das so wunderbar ausgegangen war –, hatte ich unwissentlich getan. Und das löste in mir die Vermutung aus, dass ich dafür gar nicht verantwortlich war. Woher hatte ich in jeder Situation so genau gewusst, was zu tun war? Ich hatte mich nicht bewusst dazu entschlossen, alle diese »perfekten Fehler« zu machen, die allen so viel nützten.

Plötzlich merkte ich, dass meine Führerin und mein Engel einander zulächelten und dabei Mienen wie zwei ungezogene Kinder machten. Sie hatten meine Gedanken gelesen.

»Offenbar ist uns jemand auf die Schliche gekommen«, sagte Jeremiah und lächelte. »Was du denkst, stimmt, Matt. So wie wir die Lieder inspiriert und dich zum Singen ermutigt haben, haben wir dir auch Dinge vorgeschlagen, die andere Menschen verletzt haben – aber wie du weißt, war das für ihre Entwicklung nötig.«

»Keine Sorge, du wirst kein schlechtes Karma dafür anhäufen, dass du unserem Rat gefolgt bist!«, erklärte Kuan Yin. »Alle unsere Vorschläge entsprachen den Bedingungen, die ihr miteinander im Voraus durch einen Vertrag besiegelt habt. Einigen Dingen habt ihr schon vor eurer Inkarnation zugestimmt, andere kamen im Laufe eurer Inkarnation zur Sprache – bei den gelegentlichen Treffen, die wir hier mit euch durchgeführt haben, während ihr alle schlieft.«

»Darf ich wissen, welche schlechten Dinge ihr mir vorgeschlagen habt?«, fragte ich.

»Ich glaube, du begreifst allmählich, dass es sinnlos ist, hier von gut oder schlecht zu sprechen, da alles nur zu eurem Besten war«, antwortete Kuan Yin. »Aber ich will dir so viel sagen: Wir waren diejenigen, die dich dahingehend beeinflusst haben, Kerry auszunutzen, sie zu betrügen und sie zu erpressen.«

»Ach ja? Und warum habt ihr mir das nicht schon früher gesagt?«

»Weil du noch nicht so weit warst. Erst musstest du begreifen, dass die Dinge, die du getan hast, schon im Voraus so festgelegt und nötig waren. Und jetzt, da du es weißt, kannst du anfangen zu akzeptieren, dass wir dir geholfen haben, diese Dinge zu tun.«

Seufzend gab ich ihr recht und sagte: »Das alles ist sehr kompliziert. Was ich falsch gemacht habe, war richtig. Und all das nur deshalb, weil meine Engel mir diese schlimmen Dinge vorgeschlagen haben, die in Wahrheit gut waren.«

»Es ist für dich nur deshalb so schwer zu verstehen, weil du dich an nichts aus der Zeit vor deiner Inkarnation erinnern kannst«, erklärte Jeremiah. »Aber sag: Bist du, nachdem du jetzt mit den anderen Seelen gesprochen hast, immer noch böse auf uns, weil wir dir vorgeschlagen haben, ihnen wehzutun?«

»Na ja, ich weiß nicht so recht. Hättet ihr nicht gerade diese Dinge vorgeschlagen, wäre mein Selbstwertgefühl nicht so angeschlagen. Andererseits verstehe ich, dass wir uns im Voraus darauf geeinigt hatten und es zum Besten der anderen Seelen war.«

»Dann verzeihst du uns also, ja?«, fragte Jeremiah.

»Ja.« Ich seufzte erneut.

Jeremiah hakte jedoch nach und fragte mich: »Hättest du uns denn erlaubt, dir alle diese Dinge zu suggerieren?«

»Vermutlich ja. Ich will damit sagen: Wenn alle anderen Seelen darum baten und mit dem Ergebnis zufrieden sind, will ich nicht derjenige sein, der sich dagegen stellt.«

»Wunderbar«, meinte Kuan Yin. »Gibt es noch etwas, das du deiner Meinung nach falsch gemacht hast?«

Ich schwieg einige Sekunden und überlegte, ob ich es wagen sollte, das zu fragen, was mir gerade durch den Kopf ging. Doch dann fiel mir ein, dass die beiden sowieso alle meine Gedanken hören konnten, und ich kam zu dem Schluss, dass es keinen Zweck hatte, sie verbergen zu wollen. »Ja, ich habe eine Frage«, sagte ich. »Warum seid ihr so sehr daran interessiert, mich davon zu überzeugen, dass ich alles richtig gemacht habe?«

Beide zögerten und sahen so aus, als fragten sie einander: »Sollen wir's ihm sagen?«

Schließlich ergriff Kuan Yin das Wort. »Wie du richtig vermutest, gibt es einen wichtigen Grund dafür. Er hat mit deinen nächsten Schritten zu tun. Du hast bereits gesehen, dass der Teil deiner Seele, der inkarniert ist, nach dem Tod mit seinem Führer einen Rückblick auf sein Leben tut. Und nach dem Rückblick hat man zwei Wahlmöglichkeiten: Entweder bleibt man, so lange wie man möchte, in seinem persönlichen Paradies, oder man kehrt zurück und vereinigt sich mit dem Rest der Seele, um sie mit Erfahrungen und Wissen zu versorgen. Bei der zweiten Option entwirft die nun vollständige Seele die nächste Inkarnation und berücksichtigt dabei, was als Lehre aus dem früheren Leben noch behoben oder verbessert werden muss.«

»Für uns ist es glasklar, dass du in diesem Leben nichts falsch gemacht hast«, erklärte Jeremiah. »Doch letztlich zählt nur dein eigenes Urteil darüber.«

»Weißt du noch, was Spencers Seele in der Planungssitzung gesagt hat?«, fragte mich Kuan Yin. »Sie entschied sich in ihren Inkarnationen dafür, erst ein von seiner Frau verlassener Ehemann und dann ein vaterloses Kind zu sein, um für den Kummer zu büßen, den er in früheren Leben verursacht hatte. Obwohl er wusste, dass er damit falsch lag, musste er die Folgen seiner negativen Handlungen spüren, um seine Schuldgefühle loszuwerden.«

»In Wahrheit ist hier niemand dazu gezwungen, die Folgen dessen zu ertragen, was er in einem früheren Leben getan hat«, setzte Jeremiah nach. »Aber du würdest dich wundern, wie viele Seelen sich zu schwierigen Leben entschlossen haben. Sie brauchen das Gefühl der Strafe, um sich von ihren Schuldgefühlen zu befreien.«

»Wir wollen dich jedoch davon abhalten, ein schlechtes Gewissen wegen der Dinge zu haben, die du in Wahrheit richtig gemacht hast«, sagte Kuan Yin. »Hier macht dir niemand Vorwürfe wegen dem, was du getan hast. Wir wissen nämlich, dass es nur Erfahrungen waren, um deinen Lernprozess voranzutreiben. Aber ihr alle kehrt von Gaia mit tiefen Schuldgefühlen zurück, und das sind katastrophale Gefühle. Manchmal wird man sie nur durch Bestrafung wieder los.«

»In deinem Fall«, warf Jeremiah ein, »Ist es besonders wichtig, dass du alle Schuldgefühle loswirst, falls du dich wieder mit deiner Seele vereinigen möchtest. Vor dir liegt eine Chance, die sich gewöhnlich erst nach vielen Leben auftut.«

»Wir wollen dir keinen Schrecken einjagen«, ergänzte Kuan Yin, »aber was du in diesem Leben erreicht hast, ist beispiellos.«

»Wir alle hielten es für unmöglich, dass eine Seele bei ihrer ersten Inkarnation als Mensch kein negatives Karma ansammelt – bis *du* inkarniert bist«, sagte Jeremiah.

»Du hast in deinem Umfeld so viel Gutes bewirkt, dass es die geringe Menge negativen Karmas mehr als ausgleicht«, erklärte Kuan Yin. »Bis jetzt haben nur alte Seelen, die mehr als hundert Mal inkarniert sind, es geschafft, den Zyklus mit einer positiven Bilanz des Karmas zu beenden.«

Ich schwieg auch weiterhin und versuchte zu begreifen, welche Implikationen das alles hatte, denn die beiden verhielten sich so, als ginge es um etwas Wichtiges.

»Zum ersten Mal zu inkarnieren, ohne negatives Karma anzusammeln, ist so, als finge man Feuer, ohne sich zu verbrennen«, fuhr Jeremiah fort. »Deshalb hielten wir es bislang für unmöglich.«

»In diesem Fall«, sagte Kuan Yin, »ist es besonders wichtig, dass du nicht das Gefühl hast, ein gebranntes Kind zu sein. Wenn du bei der Wiedervereinigung mit deiner Seele auch nur die geringsten Schuldgefühle hast, wirst du meinen, nur deswegen reinkarnieren zu müssen, um deine schlechten Taten wiedergutzumachen. Das wäre äußerst fatal, denn dieses Gefühl würde bei dir einen ganzen Zyklus von Reinkarnationen in Gang setzen.«

»Du solltest auch wissen, dass man, wenn dieses Rad erst einmal in Gang gesetzt ist, gewöhnlich Hunderte von Leben braucht, um es zu stoppen«, setzte Kuan Yin nach. »Es hält erst an, wenn du das Gefühl hast, dass du alle deine negativen Taten durch positive Taten abgebüßt hast.«

»Also gut. Wollt ihr damit sagen, dass ich, sofern ich mich nicht dazu bekennen kann, mit allem und allen Frieden geschlossen zu haben, einen Prozess auslöse, der mich über Tausende von Jahren hinweg zum Inkarnieren zwingt?«

»Ja, genau das geschieht dann normalerweise«, antwortete Jeremiah. »Deshalb ist es so wichtig, dass du das Gefühl hast, niemandem etwas schuldig zu sein. Und auch das umgekehrte Gefühl, dass niemand dir etwas schuldet.«

»Jetzt verstehe ich allmählich, warum euch dieser Punkt so wichtig ist. Nun ja, ich möchte nicht wieder inkarnieren, deshalb werde ich mein Bestes tun, jedem zu vergeben, der Vergebung braucht.«

»Eigentlich geht es gar nicht um den Versuch, Fehler zu verzeihen. Es geht um den Versuch, sich klarzumachen, dass es gar nichts zu verzeihen gibt, da man verstanden hat, dass sowieso nichts verkehrt gelaufen ist.«

»Versuche einfach zu akzeptieren, dass alle Sünden nur Irrtümer gewesen sind«, ergänzte Jeremiah. »Und dass der Irrtum nur einer der Schritte im Lernprozess ist – ein notwendiger Schritt. Niemand kann lernen, inneres Gleichgewicht zu halten, wenn er nicht vorher erfährt, was es bedeutet, abzustürzen.«

»Stimmt«, erwiderte ich. »Belassen wir es dabei. Ich habe bereits mit den anderen Seelen über mein Leben gesprochen, und sie sagten, es gebe nichts zu verzeihen. Ich glaube, ich habe euch auch vergeben. Und deshalb …«

»Na ja, was uns beide betrifft, ist die Sache noch nicht gegessen, denn da gibt es noch Dinge, die wir bisher nicht erwähnt haben.«

»Was für Dinge?«, fragte ich beunruhigt.

»Nun …«, begann Kuan Yin vorsichtig. »Hin und wieder haben sich die verletzenden Dinge, die wir vorschlugen, nicht gegen andere, sondern gegen dich selbst gerichtet.«

»Welche? Dass ich mich betrank und Drogen nahm?«

Die beiden schwiegen und berieten sich durch Gedankenaustausch.

»Dir ist dein Erfolg zu Kopf gestiegen«, sagte Kuan Yin schließlich. »Hätten wir nicht dafür gesorgt, dass du dich vor dir selbst schämst, wärst du niemals freiwillig in die U-Bahn-Station hinabgestiegen. Und das war letztlich doch dein Ziel gewesen.«

»Ihr habt mich drogenabhängig gemacht?«

»Wir haben es nur angeregt«, antwortete Jeremiah. »Du wusstest ja schon, dass du bei deiner ersten Inkarnation anfällig für eine Drogenabhängigkeit sein würdest, und deine Seelenverwandten hatten bereits die Zustimmung dazu erteilt.«

Obwohl es mir vor allem darum ging, alles zu vergeben, brach ich bei diesen Worten innerlich zusammen.

Mir drängten sich die Erinnerungen an alles auf, das ich durch die Drogenabhängigkeit erlitten hatte: das Elend des Entzugs, die Angst, die Diebstähle, die Schuldgefühle, die zehn Monate in der Klinik und die ständig wiederkehrenden Gedanken an Selbstmord. Innerlich kochte ich vor Wut – einer Wut, wie ich sie noch niemals empfunden hatte. Am liebsten hätte ich Jeremiah geschlagen, damit er mal einen winzigen Teil des Schmerzes zu spüren bekam, den er mir aufgezwungen hatte. Aber ich verschloss alles in meinem Inneren, versuchte, meinen ganzen Zorn für mich zu behalten.

»Matt, akzeptiere den Zorn, den du empfindest«, riet mir Kuan Yin. »Wenn du ihn nicht akzeptierst, wird er Teil deiner dunklen Seite.«

»Ihr Arschlöcher! So etwas tut so weh, dass man daran zerbrechen kann!«

Ich war drauf und dran, über die beiden herzufallen, doch mein klügeres Ich wusste, was zu tun war: Ich hörte auf Kuan Yin, gab mich meiner rasenden Wut hin, ließ sie zu. Sah mir von außen dabei zu und versuchte einzuschätzen, was die nächste Reaktion sein würde. Und nach und nach, sehr langsam, ebbte die Wut ab und legte sich schließlich ganz.

Nach etwa einer Minute ging Kuan Yin auf mich zu und sagte: »Es gibt keine schlechten Gefühlsaufwallungen. Die einzigen, die uns schaden, sind diejenigen, die wir uns weigern, überhaupt zuzulassen.«

»Ich kann nicht mehr«, erklärte ich. »Ich muss jetzt allein sein.«

Und ohne jedes weitere Wort lösten sich die Gestalten meiner Führerin und meines Engels auf und ließen mich allein in meinem persönlichen Himmel zurück.

7

Die Demaskierung des Drahtziehers meiner Inkarnation

Ich verbrachte ein paar Stunden in meinem persönlichen Himmel und kletterte meinen Berg hoch, um die ganze Wut herauszulassen. Danach begann ich durch mein Tal zu wandern, dachte über mein Leben nach und versuchte alles zu verstehen, was meine Führerin mir nach meinem Tod mitgeteilt und gezeigt hatte.

Mir war klar, dass es mich hätte erleichtern sollen, nicht allein für den Kummer verantwortlich zu sein, den ich anderen und mir selbst bereitet hatte.

Doch ich wollte nicht hinnehmen, dass ich eine Marionette gewesen war, besonders in den Momenten, in denen ich Entscheidungen getroffen hatte, die so viel Leid ausgelöst hatten.

Ebenso war mir klar, akzeptieren zu müssen, dass alles in meinem Leben wunderbar gelaufen war. Nur dann würde ich nicht wieder inkarnieren müssen. Aber mir war auch bewusst, dass ich das wirklich *empfinden* musste, und das konnte ich nicht.

Ich beschloss, mich ein paar Stunden lang auszuruhen und meine Zeit in diesem Paradies dazu zu nutzen, mir jede Pflanze anzuschauen. Nachdem ich mich erholt hatte, versuchte ich erneut, Frieden mit allem zu machen, was man mir erzählt hatte.

Jedoch vergeblich, weil ein Teil von mir immer noch Kummer hatte. Also dachte ich erneut über das fehlende Teilchen in diesem Puzzle nach und beschloss schließlich, im Geiste meine Führerin und meinen Engel zu mir zu rufen.

»Jeremiah! Kuan Yin!«

Beide tauchten unverzüglich bei mir auf.

»Ich musste allein sein, um mich zu beruhigen und nachzudenken. Tut mir leid.«

»Du weißt doch, dass es nichts gibt, für das du dich entschuldigen müsstest«, sagte Jeremiah. »Und dass du niemals wirklich allein bist.«

»Na gut«, entgegnete ich. »Nachdem ich *nicht* allein war, wollte ich mich *nicht* für die Wut entschuldigen, die ich *gar nicht* auf euch hatte.«

Beide lächelten.

»Ich habe euch vorgeworfen, von mir getroffene Entscheidungen beeinflusst zu haben, unter denen ich dann sehr gelitten habe«, fuhr ich fort. »Aber mir ist klar, dass ihr das getan habt, um meine Seele zu dem vor meiner Inkarnation von uns gemeinsam festgelegten Vorhaben hinzuführen.«

»Richtig«, sagte Jeremiah.

Ich seufzte. »Ich weiß, dass ich weder euch noch mir selbst Vorwürfe machen kann, denn die Verantwortung dafür tragt weder ihr noch ich. Meine Seele ist es, die über meinen Lebensplan entschieden hat. Und ich glaube, bis ich verstehe, wieso sie damit einverstanden war, dass ich ein solches Leben lebte, kann ich mit meiner Inkarnation keinen Frieden schließen.«

»Matt, wenn du daran denkst, was deine Seele beim Treffen zu deiner Lebensplanung sagte, wirst du dich daran erinnern, mit welchem Ziel du inkarnieren wolltest: deine Schwingungen jenen zu vermitteln, die sie am meisten brauchen«, sagte Kuan Yin.

»Ja, ich weiß. Aber um das Gefühl zu bekommen, dass es nichts gibt, das ich meiner Seele vergeben müsste, muss ich erst noch vieles andere verstehen. Wenn es ihr wirklich darum ging, das Leiden derjenigen zu beenden, die es am nötigsten hatten, begreife ich nicht, warum mein eigenes Leiden ihr gleichgültig war. Und wenn meiner Seele bekannt war, dass mir auf der Erde niemand meinen Lebensplan verraten würde – nicht einmal mein Schutzengel, da ich ihn ja nicht sehen oder hören konnte –, hätte sie doch davon ausgehen müssen, dass ich mich dort völlig verloren fühlen und in meinem Leben ständig im Dunkeln herumtasten würde. Und vor allem muss ich verstehen, warum meine Seele beschloss, mich mein erstes Leben auf diese Weise leben zu lassen – auf das Risiko hin, dass auf diese erste Drehung des Rades ein Zyklus von vielen hundert weiterer, ebenso qualvoller Inkarnationen folgen würde.«

»Ich kann deine Forderungen vollkommen verstehen, Matt«, sagte Kuan Yin. »Wir alle haben das durchgemacht. Ich glaube, die einzige Lösung ist, dass du direkt mit deiner Seele sprichst und ihr alle deine Beschwerden vorträgst.«

»Wenn du sie im Geiste rufst, wird sie erscheinen«, meinte Jeremiah.

Diese Lösung kam mir fair vor, und ich erklärte mich damit einverstanden, meine Seele zu rufen.

Ohne dass mir jemand gesagt hatte, wie ich dabei vorgehen musste, dachte ich: »Seele, komm zu mir.«

Sofort erschien der Lichtkörper meiner Seele und verdichtete sich nach und nach im Rücken meines Engels und meiner Führerin. Beide bemerkten sie auch gleich.

»Willkommen, Dulei«, sagte Kuan Yin, ohne sich umzudrehen.

Meine Seele sah so aus wie damals, während der Besprechung meiner Lebensplanung: Sie war ein leuchtendes schönes Wesen, in dessen Gegenwart ich mich so fühlte, als wäre ich nach Hause zurückgekehrt. Diesmal fühlte ich mich sogar noch stärker zu meiner Seele hingezogen, sodass ich unwillkürlich auf sie zuging.

Als ich mich meiner Seele näherte, drang ein Lichtstrahl aus meiner Stirn, der sich auf die Stirn des Lichtkörpers meiner Seele richtete und uns sofort miteinander verband.

Mir kam es so vor, als dehnte ich mich dadurch zu ihr aus, doch in diesem Moment stellte sich Jeremiah vor mich und unterbrach dadurch den Strahl, der mich mit meiner Seele verband.

»Beweg dich nicht«, sagte er. »Falls du deiner Seele noch näher kommst, werdet ihr euch vereinigen, und du hast noch immer nicht Frieden mit deiner Inkarnation geschlossen.«

»In Ordnung«, erwiderte ich.

Meine Seele sprach mich mit einer tiefen, volltönenden Stimme an, die Schwingungen in jedem Teil meines Wesens auslöste.

»Matt, ich danke dir dafür, dass du mich gerufen hast. Und auch für alles, was du getan hast. Du weißt bereits, dass ich während deiner Inkarnation in jedem Augenblick genau dasselbe empfunden habe wie du. Allerdings stimmt es, dass ich deine Inkarnation ohne zu leiden miterlebt habe – es war so, als schaute ich mir einen Film an.«

Als ich meine Seele ansprach, hatte ich Mühe, meinen vorwurfsvollen Ton beizubehalten, weil ich so heftige Liebe für sie empfand und mich so sehr zu ihr hingezogen fühlte. Ich muss wie irgendein Fan gewirkt haben, der seinen Lieblingsstar bewundert.

»Das ist genau das, was ich bisher nicht verstehe und noch begreifen muss«, erwiderte ich. »Es kommt mir nicht fair vor, dass du derjenige warst, der alles entschieden hat, und ich derjenige, der unter den Folgen leiden musste.«

»Nun ja, in Wahrheit sind wir beide – du und ich – ein und dasselbe. Aber wenn du uns als getrennte Wesen sehen willst, muss ich dir sagen, dass nicht ich derjenige war, der die Entscheidung zur Inkarnation getroffen hat. Ich wurde von unserem Spirit geschaffen und bin nur ein Teil von ihm, genauso, wie du ein Teil von mir bist. Und ich hoffe, dass du es mir nicht übel nimmst, wenn ich dir das sage.«

Ich fühlte mich wie vor den Kopf gestoßen, denn weder gefiel es mir, dass meine Seele keine Antworten auf meine Fragen hatte, noch dass sie mich an eine höhere Instanz verwies.

»Nein, ich nehme dir das nicht übel«, sagte ich. »Es ist nur schwer zu verstehen.«

»Es wäre nicht schwer, würdest du akzeptieren, dass wir *multidimensional* sind. Es existiert ein spiritueller Dulei. Und eine Dulei-Seele – das bin ich. Außerdem ein menschlicher Dulei – das bist du. In der dritten Dimension ist es für euch alle schwer, das zu begreifen. Aber du musst wissen, dass alles, ohne Ausnahme, zur selben Zeit existiert. Jeder Teil existiert in Bezug auf das Ganze, und das Ganze ist die Summe aller Teile.«

Meine Seele hielt inne, um zu prüfen, ob ich ihre Erklärung verstanden hatte, blickte mich nachdenklich an und gab mir ein Beispiel.

»Auf körperlicher Ebene betrachtet ist deine Hand ein Teil von dir. Ihrerseits sind deine Zellen Teile deiner Hand und alle Zellen Teil deiner Atome. Die Atome wiederum bestehen aus subatomaren Teilchen, die Teilchen aus Quarks, und so setzt es sich endlos fort. Auf einer höheren Ebene bist du Teil von mir, der Seele, und ich bin Teil unseres Spirits. Seinerseits ist unser Spirit Teil der Quelle allen Seins. Und vielleicht ist diese Quelle allen Seins ihrerseits Teil eines anderen, höheren Wesens, das weder du und ich noch die Quelle selbst begreifen können. Mir ist klar, dass ich das alles niemals ganz verstehen werde. Als Seele habe ich aber auch nur die Aufgabe, die Erfahrungen, die die Inkarnationen machen, auf eine Weise zu verarbeiten, dass unser Spirit sie vollständig in sich aufnehmen kann.«

Allmählich kam ich mir vor, als hätte ich einen Hütchenspieler vor mir, der seine – abwechselnd die kleine Kugel verdeckenden – Hütchen so schwindelerregend schnell verschob, dass ich die Bewegung nicht mehr verfolgen und die Position der Kugel nicht mehr erraten konnte. Nur ging es in meinem Fall nicht um die Verwirrung des Zuschauers bei einem Glückspiel, sondern um die Verschleierung von Antworten, die ich so dringend brauchte.

Aber ich wollte meine Verwirrung nicht zeigen, deshalb erwiderte ich: »Das Wissen, dass es weitere Ebenen über und unter mir gibt, hilft mir nicht. Wenn du von mir verlangst, jedem alles zu vergeben, muss ich erst noch verstehen, weshalb du, mein Spirit oder wer auch immer bestimmt hat, mich in einer so qualvollen Welt inkarnieren zu lassen. Dort war mein Leben nur ein Herumtasten in der Dunkelheit. Und wenn ich jetzt höre, dass ich auf die Erde kam, um den Schmerz anderer inkarnierter Seelen zu lindern – die ebenso darunter leiden, dass sie keine Ahnung haben, was zum Teufel sie dort tun –, hilft mir das nicht weiter. Es ergibt auch keinen Sinn. Falls das Inkarnieren überhaupt irgendwie sinnvoll sein soll, muss es für jeden sinnvoll sein, der inkarniert. Und wenn das nicht zutrifft, kann ich euch nicht verzeihen, dass ihr uns so sehr leiden lasst.«

Ich holte kurz Luft, um mich zu beruhigen, doch das führte nur dazu, dass ich wieder genügend Atem hatte, um meiner Seele weitere Vorwürfe zu machen und alles auszusprechen.

»Du kannst nicht verstehen, was ich sage, weil du niemals gefroren hast, niemals Hunger hattest, niemals krank geworden bist. Dieses Leben ist allzu grausam. Und das nicht nur für Menschen, sondern ebenso für Tiere. Auch sie müssen kämpfen, jagen und einander fressen. Was soll das alles? Diese Welt kann nicht das Werk eines mitfühlenden höheren Wesens sein. Weißt du, was ich glaube? Dass für die Seelen und deren Spirit mein Leben nur die Bedeutung eines Experiments hat. Es ist so, als setzte man Ratten in einem Labyrinth aus, um zu untersuchen, wie sie sich darin verhalten. Und wenn das nur irgendein Unterhaltungsprogramm für euch ist, könnt ihr von den Ratten meiner Meinung nach nicht verlangen, dass sie euch verzeihen.«

Tiefe Stille, die ein paar Sekunden anhielt. Schließlich wandte sich meine Seele Kuan Yin zu und fragte sie: »Darf ich unseren Spirit hierher rufen, damit er es direkt, ohne Vermittler, erklären kann?«

»Du kannst ihn gerne bitten, aber du weißt ja, dass ein Spirit nicht in den Bereich des Sichtbaren eintreten kann«, antwortete Kuan Yin.

Plötzlich tauchte eine große Kugel zwischen uns auf, und Kuan Yin berichtigte sich. »Es sei denn, eine in höhere Dimensionen aufgestiegene Seele bringt ihn dorthin.«

»Es ist Rumi! Duleis Spirit ist mit Meister Rumi gekommen!«, rief Jeremiah, merklich bewegt durch die Anwesenheit des einstigen persischen Dichters.

Die Kugel, die er nun war, verdichtete sich und begann mit einer Stimme zu sprechen, die noch kraftvoller war als die meiner Seele. Sie war so eindringlich, dass es mir vorkam, als könnte sie mich unabsichtlich verletzen.

»Ich bin dein Spirit, Matt. In dieser Schöpfung kann ich mich nicht körperlich manifestieren, aber ich kann für begrenzte Zeit mit dir sprechen – dank der Seele Meister Rumis, die sich mir als Medium angeboten hat. Alle deine Erfahrungen und dein herausragender Wagemut sind mir bekannt. Und ich weiß auch, dass du verlangt hast, den Sinn deines Lebens zu begreifen, ehe du dich wieder mit unserer Seele vereinigst.«

Als ich meinem Spirit zuhörte, kam ich mir wie ein Floh vor, der einen Gott geweckt hat, um Erklärungen von ihm zu verlangen. Und ich glaube, dass nicht nur ich mich so fühlte, denn meine Seele, meine Führerin und mein Schutzengel lauschten meinem Spirit mit einem Schweigen, das allerhöchsten Respekt verriet.

»Nun ja, wenn wir so wenig Zeit haben«, erdreistete ich mich zu erwidern, »möchte ich dich gern fragen, warum du uns auf der Erde inkarnieren lässt, ohne uns wissen zu lassen, warum und zu welchem Zweck. Außerdem verstehe ich nicht, wieso du *uns* ausschickst, wenn du selbst so großes Interesse an der Inkarnation hast.«

»Es ist schrecklich kühn von dir, solche Erklärungen zu verlangen. Aber es sind die Kühnen, die Lorbeeren ernten. Und tatsächlich kann es ja auch gar nicht anders sein, denn du bist Teil einer kühnen Seele, die darauf bestanden hat, bei ihrer ersten Inkarnation überhaupt ein Mensch zu sein.«

Jeremiah und Kuan Yin lächelten mir zu, während mein spirituelles Wesen fortfuhr: »Deine Seele hat recht, wenn sie sagt, dass du die Gründe für deine Inkarnation nur verstehen wirst, wenn es dir gelingt, sie vom Standpunkt deines Spirits aus zu betrachten. Aber ich kann dich nicht hierher holen, Matt. Wir sind hier allesamt göttliche Funken mit denselben Schwingungen, wie sie die Quelle allen Seins aufweist. Es sind sehr intensive Schwingungen, und das macht es so schwierig, denn in deinem Normalzustand könntest du sie nicht ertragen. Aber wenn du dich schließlich wieder mit deiner Seele vereinst und ihr bei der Vollendung ihrer Entwicklung hilfst, werdet ihr beide zu mir zurückkehren und die Pracht und Herrlichkeit selbst erfahren.«

Diese Worte beeindruckten mich nicht. Allmählich hatte ich den Eindruck, dass mein spiritueller Teil nur ein Meister der Täuschung war, der lieber Entschuldigungen als Erklärungen vorbrachte.

»Allerdings gibt es etwas, das wir tun können«, fuhr der Spirit fort. »Ich kann versuchen, dir zum Verständnis zu verhelfen, indem ich dir erzähle, wie und warum ich beschloss, die Welt der Materie zu erkunden. Für mich ist das Inkarnieren so neu wie für dich das Deinkarnieren. Deshalb kommen die meisten Antworten, die ich dir geben werde, von meinem eigenen Führer. Auch ich hatte Hunderte von Fragen, als ich verstehen wollte, was Inkarnation bedeutet.«

Mein Schutzengel und meine Führerin tauschten lächelnd einen Blick. Offensichtlich freuten sie sich über die Möglichkeit, die mein Spirit angeboten hatte.

»Ich werde dir alles über diesen Prozess und wie er entstanden ist erzählen«, erklärte mein Spirit. »Allerdings fürchte ich, dass es nicht leicht für dich sein wird, alles zu verstehen.«

»Nun ja, falls Kuan Yin uns die Aufzeichnungen dessen zeigen würde, was du mir erzählen wirst, könnte ich es vielleicht besser verstehen«, warf ich ein.

Kuan Yin lachte – vermutlich deshalb, weil ich ihr so naiv und tollkühn wie ein Grashalm vorkam, der versucht, bestimmte Bedingungen mit einem Wirbelsturm auszuhandeln. Aber ich konnte meine Herangehensweise nicht ändern. Nur auf diese Weise hatte ich bisher so viele Antworten bekommen.

»Matt, du weißt ja, dass du, würde ich dir die Aufzeichnungen der spirituellen Welt zeigen, völlig darin aufgehen würdest. Es würde nämlich bedeuten, dass du Schwingungen erlebst, als wärest du dort.«

»Und die könnte ich nicht aushalten, stimmt's?«, fragte ich. »Was also sollen wir jetzt tun?«

Plötzlich spürte ich einen völlig irrationalen Impuls und ging auf die Kugel zu, die meinen Spirit enthielt. Genau wie vorher, als ich mich meiner Seele genähert hatte, trat Jeremiah dazwischen, damit ich mich nicht mit meinem Spirit vereinte.

»So ist es richtig. Und jetzt strecke deine Hände hoch«, sagte mein Spirit.

Diesmal trat Jeremiah an meine Seite, damit ich mich dem Spirit nähern konnte. Und während ich mit hoch gestreckten Armen auf die Kugel zuging, sah ich, wie ein kleines Buch aus Licht zwischen meinen Händen auftauchte.

Das Buch ähnelte demjenigen, das ich im Tunnel dazu benutzt hatte, meine Lebensgeschichte aufzuschreiben. Nur hatte dieses hier kein Gewicht. Und ich will damit nicht sagen, dass es *kaum* Gewicht hatte. Nein, es wog tatsächlich *überhaupt nichts.* Es war so, als hielte ich eine Bildprojektion, die von einem anderen Ort ausging, in der Hand.

»Hier ist meine Geschichte«, sagte mein Spirit. »Genau wie für dich war es für mich viel leichter, sie aufzuschreiben, als alles laut auszusprechen.«

»Danke, Spirit des Dulei«, sagte ich.

»Lass dir beim Lesen Zeit. Meditiere darüber. Du weißt ja bereits, dass meine Realität eine völlig andere ist als deine. Ich habe versucht, meine Erfahrungen so aufzuschreiben, dass sie dem Wortschatz der dritten Dimension entsprechen, den ich dank dir erworben habe. Trotzdem könnte es schwierig werden, bestimmte Dinge zu verstehen, da sie in deiner Dimension gar nicht existieren. Besser ausgedrückt: Ihr habt keinen Terminus dafür, und somit existiert es nicht. Um dir zu zeigen, wie schwierig es ist, eine Dimension von einer anderen Dimension aus zu begreifen, will ich dir ein Beispiel nennen: Das Wort *Terminus*, das ihr in der Sprachwissenschaft benutzt, bedeutet einen klar umgrenzten Fachbegriff. Und du weißt ja, dass es in den höheren Dimensionen keinerlei Begrenzungen gibt.«

»Ja, das verstehe ich«, entgegnete ich. »Na ja, ich meine, ich verstehe, dass dies alles sehr schwer zu verstehen sein wird.«

»Wenn du etwas nicht verstehst, ziehe deine Führerin und deinen Engel zu Rate. Sobald du das Buch gelesen hast, werde auch ich wieder erscheinen. Dann kannst du mich nach allem fragen, was du nicht verstanden hast.«

Gleich darauf waberte die Kugel und verschwand. Wir alle sahen ihr voller Dankbarkeit hinterher. Schließlich brach meine Seele das Schweigen und fragte: »Matt, darf ich deinen Gedanken zuhören, während du liest? Ich würde auch gern erfahren, wie der Inkarnationsprozess für unseren Spirit verlief.«

»Ich glaube, das würden wir alle gern erfahren«, meinte Kuan Yin.

»Also gut. Ich weiß ja, dass hier keine Zeit existiert, aber wir brauchen sie trotzdem nicht zu vergeuden, oder?«, scherzte ich.

Wir alle setzten uns ins Gras, und ich begann, das Buch still zu lesen, wusste aber, dass die anderen meine Gedanken hören konnten.

8

Wie und warum meine Inkarnation begann

Lieber Matt,

ich bin eines der unendlich vielen spirituellen Wesen, die im Reich der Pracht und Herrlichkeit leben. Du kannst wahrscheinlich nicht verstehen, was ich bin, weil ich weder einen Körper noch eine bestimmte Form habe. Du nennst mich *Spirit,* doch in Wahrheit bin ich ein Funken des göttlichen Bewusstseins. Ich nehme an, dass dir das nicht viel sagen wird, also stell dir einfach vor, dass ich eines der unendlich vielen Neuronen Gottes bin.

Genau wie unsere Seele heiße ich Dulei, denn in Wahrheit sind sie und ich ein und dasselbe. Und auch du bist im tiefsten Teil deines Seins genau dasselbe wie unsere Seele und ich, auch wenn du dich nicht daran erinnern kannst, weil du nicht durch die dichten darüber liegenden Schichten blicken kannst. Doch dazu später.

Ich möchte dich wissen lassen, dass ich nicht deshalb die Welt der Materie erkunden wollte, weil ich hier irgendetwas vermisst hätte. Wie alle anderen göttlichen Funken war ich sehr glücklich in all dieser Pracht und Herrlichkeit. Aber ich muss dir sagen, dass ich gar nicht wusste, was Glück ist, da ich nie etwas anderes gekannt und daher keine Vergleichsmöglichkeiten hatte.

Stell dir vor, du wärst auf einer kleinen Insel und hättest dort dein ganzes Leben verbracht, wärst also niemals in der Außenwelt gewesen. Bis du in eine große Stadt gezogen wärst und dort all die Hektik und den Druck gespürt hättest, wäre es dir gar nicht möglich gewesen, die Stille und Ruhe deiner Insel richtig zu erfassen, nicht wahr? Nun ja. Das hier ist ähnlich wie diese stille kleine Insel.

In dieser Pracht und Herrlichkeit existiert nur Liebe, und wir schwelgen in der Fülle. Deshalb war es mir unmöglich, das Glück, das ich erfuhr, zu begreifen.

Du magst es sonderbar finden oder sogar Anstoß daran nehmen, dass ich dir erzähle, wie sehr mir daran liegt, Unglück zu erfahren. Aber nur dadurch wird mir zunehmend bewusst, welches Glück ich hier erlebe. Und umso mehr Freude macht es mir, anderen zu dienen.

Bislang habe ich dir noch nicht erzählt, dass hier, im Reich der Pracht und Herrlichkeit, mein Dienst für die Quelle allen Seins darin besteht, Bewusstseinsschwingungen zu schaffen, die den anderen göttlichen Funken Freude bereiten. Auf Gaia habt ihr solche Schwingungen nicht, aber ihr habt die Musik, und die Musik kommt solchen Schwingungen noch am nächsten. Und da du weißt, dass dein Wesenskern derselbe ist wie meiner, wirst du auch verstehen können, warum du immer gern Musik komponiert und gespielt hast.

Mir macht die Erschaffung von positiven Schwingungen so viel Spaß, dass mich andere Dinge kaum interessieren. Doch einmal brachte mich etwas dazu, meine Schöpfungen zu unterbrechen, um dieses »Etwas« vollständig zu begreifen: In unserem Reich war ein Funke mit einer unglaublich intensiven Schwingung aufgetaucht.

Da Funken keine Gestalt haben, unterscheidet uns unsere jeweilige Schwingung voneinander. Nun ja, die Schwingung dieses Funkens war so stark, dass sie den Schwingungen von Hunderten anderer Funken von uns entsprach. Und als ich das erkannte, wurde mir klar, dass es noch etwas jenseits meiner Insel gab, das ich erkunden wollte.

Als ich meine Aufmerksamkeit auf diesen Funken konzentrierte, bemerkte ich, dass er fast stolz auf seine Schwingungen zu sein schien, denn er intensivierte sie, als er spürte, dass ich sie wahrnahm. Für mich war diese höhere Schwingungsebene etwas so Unerhörtes und Unbekanntes, dass ich meinte, sie müsse von der Quelle unseres Seins in Form dieses Funkens ausgehen. Meine Gedanken müssen den Funken sehr amüsiert haben, denn nun erzeugte er fortwährend Schwingungen.

»Ich bin nur ein Teil der Quelle, genau wie du«, teilte er mir mit. »Der Unterschied zwischen uns besteht nur darin, dass ich gelernt habe, was das bedeutet.«

»Oh, und wie hast du das geschafft?«, fragte ich.

»Indem ich durch die Schule der materiellen Welt gegangen bin«, erwiderte der Funke.

Ich hatte keine Ahnung, was *Materie* bedeutete, kam jedoch zu dem Schluss, dass ich an ihr teilhaben wollte.

Der Funke nahm meine Entscheidung wahr, denn unverzüglich sagte er: »Denk darüber nach. Und wenn du dich letztlich dafür entscheidest, dort zu inkarnieren, empfehle ich dir, dich auf dein Inneres zu konzentrieren. Die wahre Entwicklung findet immer im Inneren statt.«

Ich verstand zwar nicht, was er damit meinte, zeigte ihm zum Abschied jedoch meine Wertschätzung, indem ich sagte: »Du bist geliebt.«

Und er reagierte mit einem unter Funken sehr gebräuchlichen Gruß: »Eins mit dir, eins mit der Quelle.«

Wie immer in diesem Reich der Pracht und Herrlichkeit geschah dann Folgendes: Ich brauchte nur daran zu denken, die Region der Inkarnationen aufzusuchen, schon war ich da. Diese Region sah genauso aus wie meine, und kurz glaubte ich, ich wäre gar nicht zu einem anderen Schauplatz befördert worden. Gleich darauf erkannte ich jedoch, dass ich mich nun anderswo befand, denn vor mir sah ich einen weiteren intensiv leuchtenden Funken, der dem ähnelte, den ich gerade kennengelernt hatte. Daraus schloss ich, dass auch dieser Funke durch die Schule der materiellen Welt gegangen und ich am richtigen Ort war.

»Wir sind eins«, sagte ich zur Begrüßung.

»Und eins mit der Quelle. Ich heiße Rumi.«

»Und ich Dulei. Meine Aufgabe besteht darin, Schwingungen im Bereich des Ursprungs zu erzeugen.«

»Dann möge dies dein Haus sein, Dulei. Bei deiner Entscheidung haben dich keine Funken begleitet, wie mutig von dir.«

»Na ja, mir ist noch nicht klar, ob ich in diesen Bereich eintreten will. Ich weiß nämlich fast gar nichts über den Vorgang der Inkarnation.«

»Was würdest du denn gern wissen?«, fragte er.

»Alles. Das Einzige, das ich weiß, ist, dass jeder, der den Zyklus vollendet, eine stärkere Schwingung hat.«

»Und du glaubst, dass das der Zweck dieser Schule ist? Die Schwingungen zu verstärken?«

Rumi begann, sehr schnell zu vibrieren: Er lachte.

»Du bist ein würdiger Funken unserer Quelle!«, sagte er. »Du bist deinem kreativen Impuls gefolgt und hierher gekommen – ohne zu wissen, dass der wahre Zweck der Schule der Materie viel mehr umfasst als du vermutest.«

Danach schwieg Rumi und begann, mächtige Wellen der Liebe und Verehrung auszustrahlen, die seinen großen Respekt vor dem offenbarten, was er mir gleich vermitteln würde.

»Die Schule der Materie wurde mit dem schönsten vorstellbaren Ziel entworfen: uns zu lehren, selbst zu Quellen zu werden. Während der Inkarnationen erleben wir alle Facetten der Geschöpfe, damit wir sie besser verstehen. Wir erwerben also Wissen aus erster Hand, damit wir ein bewusstes, freies und unendliches Leben für uns selbst schaffen können.«

Als ich das hörte, fanden Rumis Worte Widerhall in meinen Schwingungen und ich strahlte nun selbst Wellen der Liebe und der Dankbarkeit aus.

»Die Quelle allen Seins hat sich uns völlig hingegeben und teilt alles mit uns. Sie wollte als Quelle alle anderen Quellen speisen und ließ uns auf gleicher Höhe mit ihr verkehren. Allerdings war sie klug genug, uns nicht zu verwehren, selbst die wunderbare Erfahrung des Erschaffens zu machen. Deshalb erschuf die Quelle zusätzlich zum Reich der Pracht und Herrlichkeit eine parallele Realität. Und diese Realität sollte uns die Möglichkeit bieten, die Existenz anders zu erleben, als wir es jetzt tun.«

»Entschuldige, Rumi, aber ich verstehe nicht, was ›anders‹ bedeutet. Man hat uns stets gesagt, dass unser natürlicher Zustand unveränderlich ist und wir nicht aufhören können, als Atome in der Quelle allen Seins zu leben.«

»Das stimmt, Dulei. Wir können niemals die natürliche Göttlichkeit verlieren, die die Quelle mit uns geteilt hat. Deshalb treten wir auch nicht selbst in die Schule der Materie ein. Dort einzutreten würde bedeuten, dass wir unter einer Minderung unserer Göttlichkeit leiden würden. Und wie du es so treffend ausgedrückt hast: Unser göttlicher Zustand ist unveränderlich!«

»Aber wer tritt dann in diese Schule ein?«

»Ein seelischer *Doppelgänger*, den man *Seele* nennt. Er speichert alle Erfahrungen, die er in der Schule der Materie macht.«

»Also kann ich Materie gar nicht selbst erleben?«

»Du wirst immer mit deiner Seele verbunden sein und alle Informationen über deren Erfahrungen erhalten. Und wenn deine Seele genügend Erfahrungen gesammelt hat, um ein Schöpfer zu werden, wird sie aufhören zu inkarnieren und sich wieder mit dir vereinen.«

»Und wird es meine Schwingungen verstärken, wenn ich mich wieder mit ihr vereine?«, wollte ich wissen.

»Ja, aber denk an Folgendes: Bevor das geschieht, wird das Wissen, das du durch die Inkarnationen deiner Seele erwirbst, dir erlauben, dich selbst mit deutlicherem Bewusstsein zu lieben, und das wird deine Schwingungen verstärken. Und wenn deine Seele später zurückkehrt und sich mit dir vereinigt, wird das eine große synergetische Wirkung haben und deine Schwingungen entsprechend vervielfachen.«

»Oh. Was muss ich also tun, um meinen energetischen Doppelgänger zu erschaffen?«

»Du solltest wirklich sehr viel mehr über die Schule wissen, ehe du die Entscheidung triffst, ob du dich auf sie einlassen willst. Das ist nämlich keine leichte Übung. Die Schule gibt uns die Möglichkeit, gründlich die vielen tausend Wege kennenzulernen, durch die die Quelle unser Leben bereichert. Und das kann man nur erreichen, wenn man jede Ebene des Bewusstseins durchläuft und sich in jeder davon entwickelt.«

»Nun ja, falls ich diese Schule besuche, würde ich gern alles verstehen lernen.«

»Ich bewundere deine Entschlusskraft, Dulei, aber alles über diese Schule zu erfahren wäre unmöglich. Sie besteht nämlich aus Hunderten unendlicher Universen, die sich ständig ausdehnen und wieder zusammenziehen, und jedes davon umfasst zweiundzwanzig Dimensionen.«

Mittlerweile hatte ich den Faden verloren, weil Rumi über Konzepte sprach, die ich noch nicht verstehen konnte, deshalb unterbrach ich ihn.

»Ich weiß weder, was Universen noch was Dimensionen sind, Rumi.«

»Jedes Universum ist ein Ort, wo du deine Inkarnationen vervollständigen kannst. Und sie alle haben die gleichen zweiundzwanzig Dimensionen oder Bewusstseinsebenen, die du kennenlernen wirst. Deine Seele kann sich aussuchen, welches Universum sie bevorzugt, doch um deine Ausbildung zu vollenden, musst du die Lektionen aller zweiundzwanzig Dimensionen lernen. Begreifst du jetzt?«

Ich vibrierte bestätigend, und Rumi fuhr in seinen Erklärungen fort.

»In jeder Dimension nimmt deine Seele eine andere Art des persönlichen Ausdrucks an. In den höheren Dimensionen kann deine Seele bei der Inkarnation einen großen Teil deines Selbst zum Ausdruck bringen, aber in den niedrigeren Dimensionen nur einen winzigen Teil.«

»Und was unterscheidet die höheren und niedrigeren Dimensionen voneinander?«

»Die Schwingungsebene. Alle Dimensionen enthalten dieselben Elemente: Licht, Ton und Form. Doch alle Schwingungen sind in den höheren Dimensionen schneller und feiner als in den anderen. In den niedrigen Dimensionen sind sie langsamer, und dort ist alles dichter.«

»Tut mir leid, Rumi, aber ich verliere immer wieder den Faden. Ich weiß nicht, was ›feiner‹, ›dichter‹, ›Licht, Ton und Form‹ heißen sollen.«

»Und ich glaube, du wirst es auch nicht verstehen, bis du die Materie kennengelernt hast. Am besten besuchst du die Schule wohl unter Anleitung meiner Seele. Dadurch wirst du fähig sein, die scheinbaren Dimensionen zu erfassen. Schau her: Ich werde mich jetzt in Seele und Spirit aufteilen.«

Rumi spaltete sich in zwei Funken auf. Einer bestand, wie ich, aus Bewusstsein, der andere aus Licht. Ich hatte zum ersten Mal Berührung mit Licht – wie eindrucksvoll!

Matt, ich glaube, du verbindest den Ausdruck ›göttlicher Funken‹ mit Licht, aber in Wahrheit sind wir Funken des Bewusstseins. Die Leuchtkraft ist eine Eigenschaft der Materie, deshalb war ich wie vom Donner gerührt, als ich sie zum ersten Mal erlebte. Vermutlich fühlte ich mich dabei ähnlich, wie sich eine Seele fühlt, wenn sie zum Himmel zurückkehrt: Es ist eine Mischung aus Verblüffung, Benommenheit und Faszination. Das Licht, das von dieser neuen Hälfte Rumis ausstrahlte, vermittelte mir den Eindruck des ständigen Ausdehnens und Zusammenziehens in alle Richtungen, obwohl es sich in Wahrheit nicht von der Stelle rührte. Ich wusste nicht, dass irgendjemand derart beunruhigende Frequenzen ausstrahlen konnte, und verstand noch immer nicht, was Licht war.

»Was bist du?«, fragte ich.

Der neue Lichtfunken teilte mir mit: »Ich bin Rumis in höhere Bereiche aufgestiegene Seele. Und die Frequenz, die du empfängst, ist Licht, eine ganz gewöhnliche Energie in der dimensionalen Wirklichkeit.«

»Was bedeutet ›in höhere Bereiche aufgestiegen‹?«

»Es bedeutet, dass ich eine Seele bin, die den Zyklus von Inkarnationen vollendet hat, deshalb konnte ich mich mit meinem Spirit wieder vereinen. Komm mit. Dies alles wirst du besser verstehen, wenn du in der Schule der Materie bist. Bist du bereit?«

Ich vibrierte, um es der Seele Rumis zu bestätigen, und bedankte mich bei seinem Spirit, der sich herzlich von mir verabschiedete: »Es ist mir eine Freude, dir zu helfen, Dulei. Wir sind eins.«

Während der Spirit Rumis seine Schwingungen beendete und verschwand, blieb ich mit Rumis Seele zurück, die mich einhüllte. Ich merkte, dass mich Licht umgab, denn ich nahm wahr, dass es in jeder Richtung gleiche Entfernung zu mir hatte.

Jetzt, da ich mit den Formen deiner Dimensionen vertraut bin, Matt, kann ich dir mitteilen, dass ich mich in einer Kugel befand, die Rumi durch sein Licht bildete. Anders ausgedrückt: Ich befand mich in seiner Lichtkugel.

Du bist so sehr an Formen und an Licht gewöhnt, dass du wahrscheinlich gar nicht nachvollziehen kannst, warum das für mich so überwältigend war. Aber für mich war es ein Ereignis von besonderer Bedeutung, denn während ich zum ersten Mal eine bestimmte Form erlebte, kam es mir so vor, als füllte mich die Lichtfrequenz vollständig aus, fließe über mich hinweg und dehne sich noch weiter aus.

Ich war so in die Entschlüsselung dieser Form vertieft, in der ich mich befand, dass ich gar nicht merkte, wie wir in die Schule der Materie eintraten.

9

Mein Besuch in der Schule der Materie

Der Eintritt in die Schöpfung der dritten Dimension war das Eindrucksvollste, was ich je erlebt hatte. Es bedeutete, neue Töne, Formen und Lichtmuster zu erfassen. Es war, als spürte ich jetzt Realitäten und Wahrnehmungen, die mir bis dahin völlig unbekannt gewesen waren.

Wir gelangten durch die zweiundzwanzigste Dimension in die Schule der Materie, aber damals war mir das gar nicht bewusst, da ich vorher noch niemals Materie erlebt hatte.

In unserem Reich der Pracht und Herrlichkeit gab es zwischen uns – als Funken des Bewusstseins – keine persönlichen Unterschiede. Wie hätten die auch aussehen sollen? Wir waren alle wie Wassertropfen in einem Ozean. Deshalb hatten der Funke mit der erhöhten Frequenz, der meinen Bereich durchquerte, und das von Rumis Seele ausstrahlende Licht eine so große Wirkung auf mich.

Doch in Wahrheit waren diese beiden Erlebnisse, verglichen mit dem, was ich in eurem dimensionalen Universum wahrnahm, gar nicht so bedeutend.

Der Eintritt in die Schule war so, als erlebte man einen Tanz von unendlich vielen verschiedenen Mustern, die interagierten und sich ständig veränderten – ein unbeschreibliches Schauspiel. Ich verstand zwar nicht, was ich da sah, aber es verblüffte mich maßlos.

»Es ist wunderbar«, sagte ich.

»Ja«, erwiderte Rumi. »Wenn man hier als Lebewesen inkarniert, verengt sich die Perspektive allerdings.«

»Was ist das, was der weiteren Flugbahn des Lichts im Wege ist?«, fragte ich.

»Es sind Formen oder Seelen. Jede von ihnen ist in dieser Dimension der Ausdruck eines Lebewesens. Und wenn sie mit dem Licht zusammenstoßen, strahlt jedes Lebewesen eine unterschiedliche Schwingung von etwas aus, das wir als Farbe bezeichnen. Siehst du es?«

»Ja, aber ich dachte, diese Wesen wären das Licht, so wie du ja auch Licht bist.«

»Hier gibt es viele Möglichkeiten: Manche Wesen sind Licht, andere sind Form, und wieder andere sind Formen, die Licht ausstrahlen.«

Ich beschloss, mich auf die Formen zu konzentrieren und fand welche in unzähliger Gestalt, Größe und Farbe.

»Es gibt Millionen von Formen, und jede ist anders«, stellte ich fest.

»Schau dir jetzt eine an«, forderte Rumi mich auf. »Sie enthält in ihrem Inneren Millionen anderer Formen.«

Das tat ich und entdeckte, dass eine einzige Form Millionen anderer Formen umfasste, die in ihr tanzten. Als ich mich auf eine dieser untergeordneten Formen konzentrierte, sah ich, dass sie ihrerseits Millionen untergeordneter Formen enthielt, die sich während eines endlosen Tanzes ständig wandelten. Es verwirrte mich, dass es auf jeder Ebene der Existenz Lichter unterschiedlicher Intensität, Farben und Frequenzen gab, die alles erleuchteten und einhüllten, das mit ihnen in Berührung kam. Manche der Lichter befanden sich außerhalb der Formen, andere wurden von den Formen ausgestrahlt.

Ich konnte nicht fassen, welche Vielfalt ich hier sah. Mit wurde fast schwindelig, als ich mir ins Gedächtnis zu rufen versuchte, dass dies nur ein winziger Ausschnitt aus dem Leben in einer der Dimensionen in einem der zahllosen Universen war.

Doch ich hörte auf, über all dies nachzudenken, als ich den ersten Ton vernahm. Es brachte mich durcheinander, Vibrationen wahrzunehmen, die ganz anders als Licht waren, aber von den Formen nach außen drangen und sich durch das übrige Universum verbreiteten und es ausfüllten.

Matt, wenn ich deine Welt mit den Sinnen erfasse, empfinde ich ein stärkeres Hochgefühl als du, wenn du zum ersten Mal die Unterwasserwelt siehst, einen Nebel von einer anderen Galaxie oder eine Zelle durch ein Mikroskop.

Zwar verstand ich nicht ganz, was ich da erlebte, aber ich empfand Ehrfurcht. Und da ich bisher nur im Reich der Pracht und Herrlichkeit gelebt hatte und mir noch nicht meiner Individualität bewusst war, hatte ich auch nicht die leiseste Ahnung von Gefahr.

Von allen Eindrücken faszinierte mich einer mehr als jeder andere: der Eindruck von Leere. Diese Leere faszinierte mich deswegen so, weil ich im Reich der Pracht und Herrlichkeit niemals etwas wahrgenommen hatte, das teilweise leer war. Mir fiel auf, dass die Formen sich frei bewegten, anwachsen oder zusammenschrumpfen konnten, und zwar deshalb, weil zwischen ihnen leerer Raum war. Und dank der Leere, die sie voneinander trennte, hatten sie auch die Wahl, sich entweder von den anderen zu isolieren oder mit anderen Formen mittels der Vibrationen von Ton und Licht zu kommunizieren.

»Das ist unglaublich!«, rief ich aus. »Zwischen allen Formen existiert auch eine Nicht-Form, die es ihnen erlaubt, sich so zu manifestieren, wie sie möchten. Sie können sich wandeln, größer oder kleiner werden.«

»Richtig«, sagte Rumi. »Aber denke nur nicht, dass es im dimensionalen Universum Bereiche außerhalb der Einheit gibt. Trotz allem ist hier alles eins, genau wie im Reich der Pracht und Herrlichkeit. Nur existiert hier ein Umfeld, das sich von den Formen, welche die Lebewesen annehmen, zu unterscheiden scheint. Und genau dieses Umfeld ermöglicht es uns, uns des Lebewesens, in dem wir inkarnieren, bewusst zu sein.«

»In welcher Dimension befinden wir uns, Rumi?«

»In der zweiundzwanzigsten. Meistens inkarnieren wir hier, um irgendwelche Unannehmlichkeiten zu vermeiden.«

»Was sind Unannehmlichkeiten?«

»Wenn man eine bestimmte Gestalt annimmt, kann sie sich entweder gut oder schlecht in ihre Umgebung einpassen. Den Grad der Anpassung erlebt man als eine Empfindung. Sie ähnelt einem Gedanken, hat ihren Ursprung jedoch in der angenommenen Gestalt. Wenn man nicht gut in seine Umgebung passt, vermittelt einem die Gestalt ein Gefühl des Unbehagens. Wenn man gut hineinpasst, ist es ein Gefühl des Wohlbefindens.«

»Ich empfinde aber gar nichts.«

»Das liegt daran, dass du im Reich der Pracht und Herrlichkeit an das Gefühl des Wohlbefindens gewöhnt warst. Und da die Dimension, in der wir uns befinden, die höchste und leichteste ist, passt unser himmlischer Körper, die Kugel, dort gut hinein. Aber wenn du auf die Kugel achtest, in der wir uns befinden, wird dir der Unterschied zwischen dieser Dimension und einigen der niedrigeren Dimensionen auffallen. Lass uns dort hinziehen.«

Unverzüglich veränderten sich alle Formen, Töne und Lichter in meiner Umgebung – und damit auch meine Wahrnehmungen. Ich spürte neue Empfindungen, die mir vorher gar nicht bewusst gewesen waren. Ich weiß nicht, ob du dir das vorstellen kannst, aber in der neuen Dimension, in die wir jetzt eintraten, ähnelten die Formen riesigen oszillierenden Plazentas, die mit unzähligen schillernden Lichtmustern übersät waren.

Im Vergleich zur zweiundzwanzigsten Dimension waren die sinnlichen Reize hier deutlicher und genauer definiert. Diese neuen Reize zu erfassen erforderte mehr Aufmerksamkeit als zuvor, da ich nun nach und nach eine drastische Verengung meiner Wahrnehmung spürte. Das war zwar kein angenehmes Gefühl, doch zugleich faszinierte mich diese neue Art der Wahrnehmung, die so intensiv wie irgendeine Empfindung war.

»Ich glaube, sowohl die Anpassung der Kugel an die Umgebung als auch meine Anpassung der Wahrnehmung sind hier geringer«, sagte ich.

»Konzentriere deine Aufmerksamkeit am besten auf einen einzigen Reiz«, forderte Rumi mich auf.

Als ich es tat, klappte die Anpassung besser. »Welche Dimension ist das hier?«, fragte ich.

»Die siebte – die Grenze zwischen den Ebenen freier Schöpfung und der von den Umständen abhängigen Schöpfung. Du musst wissen, dass die Seelen von der zweiundzwanzigsten bis zur siebten Ebene die Freiheit haben, selbst darüber zu bestimmen, welche Erfahrungen sie machen wollen. Zwischen der sechsten und dritten Dimension können sie ihre Realitäten teilweise mitbestimmen, Und in den darunter liegenden Dimensionen erfahren die Seelen, wie es ist, als kreatürliche Wesen zu existieren.«

»Wie das? Verlieren unsere Seelen dann die Fähigkeit, selbst etwas zu erschaffen?«

»Genau. In den untersten Dimensionen inkarniert die Seele in sehr einfachen Wesen, damit sie sich mit der Erfahrung vertraut macht, als Geschöpf zu existieren. Doch während sie diese einfache Lernerfahrung verarbeitet, eignet sie sich auch komplexere Formen in dieser Dimension oder in höheren Dimensionen an. Und wenn sie eine bestimmte Entwicklungsstufe in der dritten Dimension erreicht, wird die inkarnierte Seele zum Mitschöpfer in der Schule der Materie, die sie durchläuft. Dank dieser doppelten Existenz als Schöpfer und als Geschöpf kann sie die Folgen ihres Schöpfungsprozesses unmittelbar miterleben. Sie verleibt sich das Wissen beider Realitäten ein – als Vorbereitung auf die Zeit, in der sie selbst andere Wesen erschaffen wird.«

»Also inkarnieren alle Seelen zuerst in der untersten Dimension und steigen dann in die höheren auf?«

»Nein, es ist genau umgekehrt. Gewöhnlich beginnt man in der zweiundzwanzigsten Dimension, weil sie dem Reich der Pracht und Herrlichkeit am meisten ähnelt. Dort lernt der inkarnierte Teil der Seele mit der übrigen Seele zu kommunizieren. Und danach, wenn die Seele sich in diese Dimension eingepasst hat, ist sie fähig, in eine Dimension nach der anderen hinabzusteigen und in Wesen mit ständig wachsenden Beschränkungen zu inkarnieren.«

»Und was ist das Ende dieses Abstiegs? Als was inkarniert die Seele dann?«

»Sie inkarniert in dem elementarsten Geschöpf jedes Universums, dem kleinsten Kernpunkt der Lebensenergie. Die erste Dimension ist diejenige, in der man am besten lernen kann, was dienen heißt. Dort ist man ein Teilchen, das nur so existieren kann, dass die anderen Ebenen der Schöpfung vollständig darüber verfügen.«

Daraufhin stellte ich mir vor, dass diese erste Dimension in gewisser Weise ebenfalls dem Reich der Pracht und Herrlichkeit ähneln müsse, da ja alle Bestandteile dieser Dimension ähnlich aussehen mussten.

»Nach der Selbsterfahrung als Teilchen«, fuhr die Seele Rumis in ihren Erklärungen fort, »begibt sich die Seele sozusagen auf den Rückweg und manifestiert sich von Inkarnation zu Inkarnation in immer komplexeren, autonomeren Formen. In der ersten Dimension schreitet ihre Entwicklung zum potenziellen Schöpfer nur sehr langsam fort, aber sie wird sich bei jeder folgenden Inkarnation mehr und mehr dieser Fähigkeit bewusst.«

»Das verstehe ich, glaube ich. In welcher Dimension lernen die Seelen denn das meiste, das sie zum Erschaffen befähigt?«

»Dulei, du denkst doch wohl nicht etwa daran, deine Seele in einer Dimension inkarnieren zu lassen, die nicht die zweiundzwanzigste ist?«

»Ich würde meine Seele gern sofort dort inkarnieren lassen, wo sie möglichst viel lernt. Ich kann doch selbst die Dimension auswählen, in der ich mit der Inkarnation beginne, oder nicht?«

»In dieser Hinsicht gibt es keine Beschränkungen. Allerdings würde ich dir empfehlen, auf der höchsten Ebene zu beginnen, da der inkarnierende Teil deiner Seele erst einmal lernen muss, sich der dimensionalen Wirklichkeit anzupassen.«

»Trotzdem – in welcher Dimension würde eine Seele deiner Meinung nach am meisten lernen?«, hakte ich nach.

»Es gibt so viele Dimensionen und Entwicklungsstadien, dass deine Frage kaum zu beantworten ist. Meiner Meinung nach lernt man am meisten in den besonders schwierigen Dimensionen – in jenen, wo die Lebensbedingungen fast das genaue Gegenteil dessen sind, woran wir im Reich der Pracht und Herrlichkeit gewöhnt sind.«

»Und welche Dimensionen sind das?«

»Die niedrigsten. Beispielsweise wird die dritte Dimension als die ›Dimension der Tapferkeit‹ bezeichnet, da in dieser Dimension der Lernprozess durch Gegensätze erfolgt. Das führt zu sehr intensiven Erfahrungen in einer Umgebung, in der die Anpassung nur wenig ausgeprägt ist. Deshalb erfordert die Inkarnation dort sehr viel Entschlusskraft, und die bringen nur die reifsten und kühnsten Seelen auf.«

»Und in welchem Zustand der Inkarnation lernt eine Seele in dieser Dimension der Tapferkeit am meisten?«

»Ich merke, dass du sehr viel Entschlusskraft hast. Nun ja, es gibt einen ganz besonderen Zustand, der in der Individualisierung der Seele gipfelt. Die Individualisierung der Seele ist eine Stufe in der Entwicklung eines Schöpfers, damit er sich seines Potenzials bewusst wird. Sie ist jedoch mit sehr viel Unsicherheit und Desorientierung verbunden. So sehr, dass man diese Stufe die ›Phase des Vergessens‹ nennt.

»Und in welcher Form inkarniert man dabei?«, fragte ich neugierig.

»Als Mensch. Das ist ein Lebewesen, das ...«

»Halt mal, Rumi. Könntest du uns zu dieser Dimension bringen? Ich würde es bestimmt viel besser verstehen, könnte ich es mit eigenen Augen sehen.«

»Ja, das können wir machen. Aber ich muss dich warnen: Kann sein, dass du dich dort sehr unwohl fühlen wirst und wir zurückkehren müssen.«

»Das macht mir nichts aus.«

Und so brachte ich Rumi doch tatsächlich dazu, mich in deine Dimension zu befördern, Matt, damit ich dort die Menschen kennenlernen konnte. Allerdings führte er mich in eine ganz andere Zeit als deine.

10

Mein erster Eintritt in die dritte Dimension

Zu Beginn der Reise in die dritte Dimension fiel mir auf, dass die mich in der Kugel umgebende Energie wuchs. Mir war dabei sehr unwohl, genau wie Rumi mich gewarnt hatte. Ich glaube, du würdest es als ein Gefühl der Verengung oder Schrumpfung der eigenen Existenz beschreiben.

Im Vergleich zur siebten Dimension kam mir diese hier sehr begrenzt und stagnierend vor. Doch ich gewöhnte mich daran, indem ich mich zunächst nur auf das Innere der Kugel konzentrierte und dann nach und nach auch fähig war, nach draußen zu schauen. Dort entdeckte ich gewaltige Himmelskörper, die eigene Vibrationen und Frequenzen ausstrahlten. Das sind keine hörbaren Phänomene, doch damit du sie dir besser vorstellen kannst, will ich sie interstellare Lieder oder Sinfonien nennen.

Rumi erklärte mir alles, was wir sahen, und teilte mir ihre Bezeichnungen mit: *Supernovae, Galaxien, Pulsare, Quasare, kosmische Strahlen …*

Es mag dir seltsam vorkommen, Matt, aber was du, von der Erde aus betrachtet, wohl als kosmische Phänomene bezeichnen würdest, etwa Galaxien und Planeten, sind in Wahrheit hoch entwickelte Wesenheiten.

Stell dir vor, du wärst eine der Zellen in deinem Blut. Es würde dir schwer fallen zu glauben, dass dessen Reiserouten – die Venen – genau wie der Rest deiner Welt tatsächlich Teil einer Person sind. Genauso verhält es sich mit den Menschen und diesen großen Wesenheiten. Ihr ›kleinen‹ Wesenheiten lebt innerhalb anderer Wesenheiten, die weiter entwickelt sind als ihr. Und sie leben ihrerseits innerhalb anderer, sogar noch größerer Wesenheiten.

Ich entdeckte, dass einige der Formen, die ich wahrnahm, Formen in höheren Dimensionen ähnelten, bemerkte jedoch, dass diese in der dritten Dimension kaum Schwingungen hatten.

»Was ist hier los, Rumi?«, fragte ich. »Warum vibriert hier nichts?«

»Nun ja, die Seelen, die in dieser Dimension inkarnieren, halten sich nach wie vor für Kreaturen«, erwiderte er. »Und diese kollektive Überzeugung hat einen Bezugsrahmen hervorgebracht, der die Ausdrucksmöglichkeiten stark begrenzt. Der Bezugsrahmen, der diese Dimension strukturiert, heißt ›Zeit‹ und hält die Seelen davon ab, unverzüglich ihre eigene Realität zu schaffen.«

»Ich kann dir nicht folgen.«

»Es ist ja auch nicht leicht zu verstehen. Konzentriere dich auf eine beliebige Form oder Gestalt, und du wirst sehen, dass sie sich nur manifestieren kann, indem sie eine leichte Veränderung gegenüber der Ausdrucksform zeigt, die sie einen Augenblick zuvor hatte. Und das geschieht, weil die Zeit die irrige Vorstellung mit sich bringt, dass die Ewigkeit sich in unendlich viele Augenblicke aufteilt, die sich nach einer vorherbestimmten Reihenfolge richten.«

Tatsächlich: Als ich mich auf eine scheinbar leblose Galaxie konzentrierte, merkte ich, dass sie ihre Form in jedem Moment leicht veränderte, sodass die Illusion von Bewegung entstand.

»Stimmt!«, rief ich. »Jede Konstellation ist eine winzige, kaum merkliche Variation des früheren Zustands.«

»Genau. Diese Einschränkung ist für die Seelen, die hier inkarnieren, eine sehr günstige Bedingung. Denk daran, dass den Seelen in den beiden darunter liegenden Dimensionen die Schöpferfähigkeit völlig fehlte. In dieser Dimension können sie diese Fähigkeit wiedererlangen, sobald sie das menschliche Stadium erreichen. Aber sie erlangen sie nur sehr beschränkt, denn wenn sie ihre schöpferischen Gedanken sofort in die Realität umsetzen könnten, würde hier alles im Chaos versinken.«

Als Rumi merkte, dass ich verstanden hatte, fuhr er fort: »Die vorübergehende Einschränkung erfüllt noch einen anderen wichtigen Zweck: Sie erlaubt den inkarnierten Seelen, sich auf einen einzigen Lernprozess zu konzentrieren und ihn gründlicher zu begreifen. Wolltest du vorhin nicht wissen, wo du möglichst viel lernen kannst? Nun ja, diese Dimension eignet sich wunderbar dafür, da sie nach dem Prinzip von Ursache und Wirkung funktioniert. Diesem Prinzip zufolge können sich alle Formen nur in einer konkreten Reihenfolge manifestieren, wobei sie zunächst eine ursprüngliche Konstellation einnehmen, die man *Ursache* nennt, und danach eine andere, die man als *Wirkung* bezeichnet. Auf diese Weise werden die Ausdrucksformen vorhersehbar und die Wesen, die diese Dimension wählen, können daraus Richtlinien und Verhaltensregeln ableiten.«

»Also entsteht durch die zeitliche Begrenzung eine Welt, die fast statisch ist, aber den Vorteil der Vorhersehbarkeit hat.«

»Genau. Das erleichtert es den hier inkarnierten Wesen, ihre Umgebung kennenzulernen. Trotzdem ist es sehr schwierig für sie, diese Umgebung zu verstehen. Da hier nur ein sehr kleiner Teil der Seele inkarniert, merken die Wesen erst nach mehrfacher Wiederholung, dass bestimmte Ursachen stets dieselben Folgen haben.«

Matt, es tut mir leid, dass Rumi dich beleidigt hat, indem er die recht armseligen Fähigkeiten der Wesen in deiner Dimension erwähnt hat. Aber du solltest wissen, dass das nicht herabwürdigend gemeint war. Inzwischen ist dir ja bekannt, dass die Seelen die Dimension, in der sie inkarnieren wollen, selbst wählen können, damit sie die Erfahrungen machen können, die sie sich wünschen. Kein Wesen ist einem anderen Wesen überlegen oder unterlegen. Es hat sich lediglich dafür entschieden, größere oder kleinere Beschränkungen auf sich zu nehmen, um etwas zu lernen.

Jedenfalls halte ich es für ratsam, an dieser Stelle auf die Erklärungen einzugehen, die Rumi *mir* gegeben hat.

»Dulei, du musst wissen, dass die Struktur von Zeit noch eine andere Besonderheit hat«, sagte er. »Sie verursacht einen fortschreitenden Verlust des Gleichgewichts und der Kraft in den Lebewesen, die letztlich zu deren Verschwinden führt.«

»Wie bitte?«, fragte ich. »Die Struktur führt dazu, dass die Lebewesen verschwinden? Alle?«

»In dieser Dimension ja. Der Verfall ist das, was wir ›Altern‹ nennen. Und wenn das Altern weit fortgeschritten ist, kommt der Tod. Und das ist der Moment, in dem die Seele ihren Körper verlässt.«

»Also entscheidet die Seele nicht aus freiem Willen, zu welchem Zeitpunkt sie ihre Inkarnation beendet?«

»Es ist kompliziert. Die Seele entscheidet zwar darüber, aber nicht der inkarnierte Teil von ihr – diese Entscheidung trifft die sogenannte Mutterseele.«

»Jetzt kann ich dir nicht mehr folgen.«

»Diese Ebene ist so dicht und schwer, dass der kleine Teil der Seele, die inkarniert, große Schwierigkeiten hat, die Verbindung mit der übrigen Seele aufrechtzuerhalten. Zwar entscheidet die Mutterseele darüber, in welchem Moment das Lebewesen deinkarniert, aber die inkarnierte Seele weiß das vielleicht gar nicht oder ist mit der Entscheidung nicht einverstanden. Die Kommunikation zwischen den inkarnierten und nicht inkarnierten Teilen der Seele ist so schwierig, dass die inkarnierte Seele sich häufig für ein anderes Wesen als die Mutterseele und die anderen Seelen hält.«

»Was? Die Seele kann glauben, dass sie von ihrem Ursprung und den übrigen Seelen getrennt ist?«

»Allerdings. Die wichtigste Eigenschaft dieser Dimension besteht darin, dass sie eine vollständige Isolation suggerieren kann. Genau das ist typisch für das Bewusstsein der Menschen. Und genau das erleichtert auch den Individuierungsprozess so enorm.«

Die Vorstellung, sich in ein Wesen zu verwandeln, das fähig ist, ein von seinem Selbst getrenntes Sein zu erschaffen, verwirrte mich völlig. Man hatte mich zwar schon im Voraus gewarnt, die Schule der Materie sei dazu da, mit einer Existenz zu experimentieren, die sich von der unseren völlig unterscheidet. Aber nie hätte ich gedacht, dass es überhaupt möglich ist, ein von allen anderen isoliertes Dasein zu erleben. Ich versuchte auch, mir einen Zustand auszumalen, in dem ein Lebewesen annimmt, es sei von sich selbst getrennt, aber das war mir nicht möglich.

»Ich kann mir das nicht einmal vorstellen«, sagte ich. »Ich verstehe nicht, wie irgendetwas in einer Umgebung existieren kann, ohne sich selbst als Teil davon zu betrachten.«

»Eine solche Trennung ist für dich als Spirit auch nicht vorstellbar. Umgekehrt können sich die inkarnierten Seelen auch nicht das Reich der Pracht und Herrlichkeit vorstellen.«

»Ist die Quelle allen Seins nur deshalb dafür, dass unsere *energetischen Doppelgänger* Gestalt annehmen, damit wir einen Zustand ihrer Abwesenheit kennenlernen?«

»Du weißt doch, dass nichts geschehen kann, wenn es nicht dem Willen der Quelle entspricht. Das Dasein als Mensch ermöglicht es uns, Individualität zu erleben, damit wir unseren Ursprung – die Quelle allen Seins – besser verstehen lernen. Ich weiß nicht, ob du je daran gedacht hast, dass die Quelle die einzige Wesenheit ist, der nichts ebenbürtig ist. Deshalb ist Individualität ihr natürlicher Zustand. Und deshalb müssen wir Individualität kennenlernen. Nur dadurch können wir, wenn wir selbst zu Quellen werden, aus der eigenen Individualität schöpfen.«

Rumi war aufgefallen, dass ich die Vorstellung, mich selbst als isoliertes Wesen zu betrachten, höchst beunruhigend fand. Deshalb setzte er nach: »Mach dir keine Sorgen. Die Individuation ist nur ein Übergangsstadium, das dazu dient, den natürlichen Zustand der Quelle allen Seins zu begreifen. Wenn die Menschen sich weiterentwickeln, werden sie nach und nach merken, dass ihre Trennung voneinander nur eine durch ihre Sinne begünstigte Illusion ist. Und dann werden sie wieder die Einheit entdecken, die allem Sein zugrunde liegt.«

»Ich weiß nicht genau, was ›Sinne‹ sind, Rumi.«

»Ach ja, stimmt. Am besten, wir schauen uns jetzt die Menschen an, damit du siehst, wie diese Wesen sind.«

Wenn du dies liest, Matt, wirst du vielleicht annehmen, dass die Sinne einem Täuschungsmanöver dienen, das dir das Gefühl von Isolation vermitteln soll. Womöglich hältst du sie für eine weitere Sackgasse in diesem »Labyrinth für Ratten«, das du erwähnt hast. Aber die Sinne sind nichts anderes als konzentriertes Bewusstsein. Sie ermöglichen dir, verschiedene Inhalte voneinander zu unterscheiden, sie getrennt voneinander wahrzunehmen und zu verarbeiten. In der dritten Dimension ist das ein notwendiger Schritt bei der Verarbeitung aller Informationen aus deiner Umgebung, denn so kannst du dich leichter in dein Umfeld einpassen.

Es stimmt schon, dass die Sinne alles getrennt voneinander erscheinen lassen, aber das sollte dich nicht beunruhigen. Du kannst stets Vorteile aus deinen Sinneswahrnehmungen ziehen, indem du sie benutzt wie eine Wegeskarte – als Orientierungshilfe. Nur musst du dir zugleich klarmachen, dass sie die Karte und nicht die Realität selbst sind.

11

Mein erster Kontakt mit Gaia

Die von Rumi geschaffene Kugel bewegte sich mit unvorstellbarer Geschwindigkeit durch den Kosmos, während er mir erklärte, was ich sah.

»Ich habe dir bereits die großen Wesenheiten wie Galaxien, Pulsare und Quasare gezeigt«, sagte er mit fester Stimme. »Und jetzt wirst du andere mittlerer Größe kennenlernen. Siehst du dieses Gebilde? Man nennt es die ›Kaulquappengalaxie‹ oder ›Balkenspiralgalaxie‹. Jede Galaxis umfasst tausende Millionen von leuchtenden Wesenheiten, die man als ›Sterne‹ bezeichnet.«

»Ja, ich sehe die Galaxie, aber ich sehe auch viel leeren Raum zwischen jedem Lichtpunkt.«

»Stimmt. Das Gebilde einer Galaxie ist größtenteils leer.«

»Und wo sind die Menschen?«

»Konzentriere deinen Blick auf irgendeinen leuchtenden Stern in der Galaxie. Siehst du auch andere, die kein Licht ausstrahlen und viel kleiner sind?«

»Ja.«

»Das sind Planeten. Auf vielen von ihnen gibt es unterschiedliche Arten von Hominiden.«

Es mag dich überraschen, Matt, dass es auch auf anderen Planeten Menschenarten gibt. Aber in Wahrheit ist das Einzigartige an eurem Planeten nicht, dass er bewohnt ist, sondern dass ihr glaubt, es sei der einzige bewohnte Planet.

»Jetzt möchte ich dich zu einem einzigartigen und ganz besonderen Planeten namens Gaia mitnehmen«, kündigte Rumis Seele an.

»Wieso bezeichnest du ihn als ›ganz besonders‹?«

»Aus vielen Gründen. Zu den wichtigsten Gründen zählt, dass die ihn bewohnenden Lebewesen über etwas namens ›Emotionen‹ verfügen – was zu besonders intensiven Erfahrungen führt. Aber das erkläre ich dir besser, wenn wir dort sind.«

Mir fiel auf, dass wir uns einer spiralförmigen Galaxie näherten, in deren Zentrum ich eine riesige Sonne entdeckte. Diese Galaxie war die majestätisch wirkende Milchstraße. Während wir uns auf eine der äußeren Strahlungen zubewegten, verminderte sich die weißliche Strahlung, bis sie schließlich gänzlich verschwand. An ihre Stelle trat eine schwarze Leere, in der wir hier und dort verstreute Lichtpunkte ausmachen konnten.

»Wir nähern uns jetzt diesem kleinen Stern da hinten. Kannst du ihn sehen?«

»Nein. Oh doch, da drüben.«

»Man nennt ihn die Sonne. Acht größere und andere, kleinere Planeten umkreisen sie. Das da ist Neptun, der andere heißt Uranus, und der von Ringen umgebene ist Saturn. Der große ist Jupiter. Und neben Mars liegt Gaia.«

Irgendwie zog mich der Planet Gaia stärker an als die anderen Planeten im Sonnensystem. Vermutlich wegen der intensiven blauen Aura, die ihn umgab.

Der Abstieg zu Gaia verwirrte mich. Der Eintritt in die Atmosphäre dieses Planeten kam mir nämlich so vor, als würden wir in eine andere Dimension eindringen.

»Was ist da los?«, fragte ich.

»Keine Angst. Das Sonnenlicht wird von der Erdoberfläche reflektiert und färbt die Umgebung bläulich ein, sodass man den übrigen Kosmos nicht mehr sehen kann. Man nennt diese bläuliche Umgebung hier den ›Himmel‹. Und was sich darin bewegt, sind die sogenannten Wolken.«

»Es sieht so aus, als wäre der Kosmos völlig verschwunden!«

»Das liegt nur an der Einfärbung rings um den Planeten. Sie führt dazu, dass die Bewohner Gaias fast nur dem eigenen Planeten Aufmerksamkeit schenken. Aber gerade deshalb kann man dort so viel lernen.«

»Wie viele Farben es dort gibt!«, sagte ich.

»Gaia besteht aus drei Grundsubstanzen«, erklärte Rumi. »Aus Wasser, das blau ist und den größten Teil der Erdoberfläche einnimmt, aus Boden, der die übrige Oberfläche bedeckt. Und aus Luft, die den ganzen Raum ausfüllt, in dem es weder Wasser noch Boden gibt. Jede dieser Substanzen bietet unterschiedlichen Arten Lebensraum.«

»Und in welchem leben die Menschen?«

»Auf dem Boden. Dorthin reisen wir jetzt.«

Wir landeten auf einem Boden ohne jede Vegetation. Dort konnte ich die Schwingungen der pulsierenden Erde spüren. Ich merkte, dass die Erdoberfläche mit ihren Vibrationen ihr eigenes Lied hervorbrachte. Sie vereinigte die Stimmen der zahllosen Steine und Felsen, aus denen sie bestand, zu einem Gesang. Und ich erkannte auch, dass jedes Mineral von einer eigenen farbigen Aura umgeben war.

Rumi begann mir von Gaia zu erzählen.

»Die Entwicklung von Individualität ist ein mühseliger und störungsanfälliger Prozess und vollzieht sich nur nach und nach«, erklärte er. »In dieser Dimension hat die Evolution drei verschiedene Grundtypen hervorgebracht: Mineralien, Pflanzen und Tiere. Und jede Art ist der physische Ausdruck der spezifischen Umgebung, in der der Individuierungsprozess stattfindet. In Gaia braucht alles, was lebt, eine bestimmte Menge von Luft, Wasser und Lichtenergie. Diese natürlichen Ressourcen sind in dieser Dimension die wesentliche Ursache für Konflikte, bilden aber auch die Grundlage für das Dazulernen. Noch viel wichtiger ist der individuelle Bedarf an Lichtenergie, denn dieser Bedarf kann nur durch den Austausch zwischen den Arten befriedigt werden.

Man könnte nun annehmen, dass es jedem Lebewesen nur um die Befriedigung der eigenen Bedürfnisse geht, aber da jede Art von den anderen Arten abhängig ist, sind die Arten auch gezwungen, ein Gleichgewicht zwischen dem Geben und Nehmen herzustellen. Einerseits löst die Notwendigkeit der Selbstversorgung mit Lichtenergie bei den Lebewesen also die Wahrnehmung von Individualität aus, andererseits zwingt die Notwendigkeit, ein Gleichgewicht zwischen dem Geben und Nehmen herzustellen, diese Wesen dazu, Individualität nur so weit auszuleben, dass sie mit der Vielfalt der anderen Wesen vereinbar ist.«

Matt, ich hoffe, dass diese Erklärung und die weiteren Erläuterungen, die noch folgen, dir dabei helfen, Folgendes zu verstehen: Die Seelen, die sich zur Inkarnation in dieser Dimension entschlossen haben, haben diese widersprüchlichen Lebensbedingungen auf sich genommen, weil sie in dieser Umgebung am besten dazulernen können. Es war ihr größter Wunsch, diese Erfahrungen zu machen.

»Als Erstes möchte ich dir die schlichteste Art vorstellen«, fuhr Rumi fort. »Siehst du diese Gebilde an der Erdoberfläche? Es sind Mineralien, die einfachsten Wesen. Sie können weder ihre Gestalt verändern noch ihren Aufenthaltsort wechseln.«

Ich konzentrierte mich auf die Landschaft. Mittlerweile weiß ich, dass ich Granitfelsen in einer Wüste vor mir hatte.

»Und was lernen die Wesen, die in der Form von Mineralien inkarnieren?«, fragte ich.

»Sie lernen etwas Grundsätzliches«, antwortete Rumi. »Sie machen sich mit einer Situation in der Dualität der dritten Dimension vertraut. In dieser Dimension erleben diese Wesen zum ersten Mal Kontraste, und das führt dazu, dass sie sich der Unterschiede zwischen sich und der Umgebung, in der sie sich befinden, bewusst werden. Beispielsweise bringt diese Umgebung Wärme und Kälte hervor, und beides wirkt auf sie ein. Bei Wärme vibriert die stoffliche Gestalt dieser Wesen schneller, bei Kälte langsamer. Und wenn Wesen ihnen bislang unbekannte Unterschiede entdecken, begreifen sie nicht nur, dass sie in eine Umgebung eingetaucht sind, sondern auch, dass sie sich irgendwie von dieser Umgebung unterscheiden. Und so erkennen sie nach und nach, dass sie einzelne Wesen sind.

Doch in diesem Stadium als Mineralien empfinden sich diese Wesen noch nicht als völlig eigenständig, da sie ein kollektives Bewusstsein mit dem ganzen Reich der Mineralien teilen und ein Gefühl der Einheit mit der Quelle allen Seins haben.«

»Das verstehe ich.«

»Die Mineralien spielen aber auch eine bestimmte Rolle auf Gaia. Sie verankern die Lichtenergie der Sonne im Planeten und teilen sie mit den Wesen, die wir Pflanzen nennen. Dadurch machen sie sich allmählich mit der Idee des Gebens und Nehmens vertraut.«

In diesem Moment zog ein winziges, lebhaftes Wesen meine Aufmerksamkeit auf sich – eine Elfe.

Matt, das mag für dich wie ein Schock sein, aber tatsächlich sah ich bei meinem ersten Besuch auf deinem Planeten viele Wesen, die du als mythologisch betrachten würdest. Ich weiß ja nicht, ob du dich jemals gefragt hast, warum es so viele Kulturen gibt, die – ohne dass sie jemals Verbindung miteinander hatten – die gleichen Mythen haben, in denen Geschöpfe wie Feen und Gnome vorkommen.

»Zu welcher Art gehört dieses Wesen?«, fragte ich.

»Das ist eine Elfe«, entgegnete Rumi. »Elfen gehören normalerweise nicht in die dritte, sondern in die fünfte Dimension. Aber du musst wissen, Dulei, dass die Dimensionen nicht völlig voneinander abgetrennt sind und Wesen aus verschiedenen Dimensionen auf demselben Planeten existieren können. Die Wesen von höheren Dimensionen können nämlich zu unteren Dimensionen hinabsteigen, weil sie das gelernt haben. Aber die inkarnierten Wesen in den unteren Dimensionen wissen meistens nicht, wie sie zu den höheren Dimensionen aufsteigen können. Sie können diese Wesen aus höheren Dimensionen, die in ihrer Welt leben, auch nicht sehen, es sei denn, diese Wesen lassen es zu.«

»Und wieso steigen Elfen in untere Dimensionen hinab?«

»Du weißt ja inzwischen, dass die dritte Dimension sehr anstrengend und instabil ist, und zwar wegen der Individuierungsprozesse, die sie hervorbringt. Ohne Hilfe der Wesen von höheren Dimensionen könnten die Wesen der dritten Dimension ihre jeweilige Ordnung nicht im Gleichgewicht halten, sodass sie verschwinden würde. Die Elfen, die du hier siehst, haben die Aufgabe, das Gleichgewicht im Reich der Materialien aufrechtzuerhalten. Und in den höheren Dimensionen gibt es noch viele andere Wesen, die mit den Reichen der Mineralien und Pflanzen zusammenarbeiten.«

»Also bekommt jedes Wesen, dass in dieser Dimension inkarniert, Hilfe von Wesen aus anderen Dimensionen?«

»Ja, denn sie brauchen diese Hilfe. Schau mal, ich zeige dir einige Wesen im Reich der Pflanzen.«

Rumi lenkte uns über die Erdoberfläche bis zu einem kleinen Wald, in dem Büsche und Bäume wuchsen. Die Büsche waren Stechpalmen und die Bäume Eichen. Sie hatten leuchtende Auren, die ihrer jeweiligen Größe entsprachen, und strahlten jeweils Schwingungen in einer höheren Frequenz als die Mineralien aus.

»Diese beiden Arten gehören zum Reich der Vegetation, wie wir es nennen. Ihr individuelles Bewusstsein ist stärker ausgeprägt als das der Mineralien, denn jede Art von Vegetation verfügt über ein eigenes kollektives Bewusstsein.«

»Welche Aufgaben haben sie in dieser Dimension?«, wollte ich wissen.

»Sie nutzen die Lichtenergie der Sonne sowie jene, die sich in den Mineralien gesammelt hat, um die Atmosphäre zu schaffen, die für die anderen Wesen – etwa die Tiere und die Menschen – nötig ist.«

»Also lernen sie auch zu geben und zu nehmen.«

»Ja. Außerdem durchlaufen sie einen ganzen Lebenszyklus. Sie gehen aus einer andern Pflanze hervor, sammeln Lichtenergie von der Sonne, wachsen und verwandeln dabei diese Lichtenergie in Materie. Danach bringen sie ihrerseits neue Pflanzen hervor. Und schließlich verschwinden sie.«

»Und wohin verschwinden sie?«, fragte ich.

»Schau mal hierher, auf diese einzeln stehende kleine Pflanze, dann siehst du es.«

Während wir uns der kleinen Pflanze näherten, änderte sich plötzlich die Farbe ihrer Aura und nahm einen leicht rötlichen, stumpfen Grauton an.

»Dieser Wechsel in ihren Schwingungen wird durch eine Emotion ausgelöst«, erklärte Rumi. »In diesem Fall ist es etwas, das man als ›Angst‹ bezeichnet. Die Pflanze empfindet sie, wenn sie die Möglichkeit einer unangenehmen Erfahrung voraussieht.«

Ich konzentrierte mich so sehr darauf, den Farbwechsel der pflanzlichen Aura zu beobachten, dass ich gar nicht die Zähne bemerkte, die sich der entwurzelten Pflanze näherten. Es war ein Wesen mit einer mehrfarbigen Aura, das gleich darauf bedächtig an der Pflanze nagte. Es dauerte nicht lange, bis der Lichtkörper der Pflanze durch das andere Wesen nach außen drang. Eine kleine Fee nahm ihn in Empfang. Wenige Sekunden später waren beide verschwunden.

»Das Lichtwesen, das du gerade gesehen hast, ist eine sogenannte Fee. Sie wird die Seele der Pflanze zurück zu deren Mutterseele bringen.«

»Dann ist deren Inkarnation also zu Ende?«

»Ja. Das andere Wesen hat die stoffliche Substanz der Pflanze in sich aufgenommen, um sich die von ihr gesammelte Lichtenergie einzuverleiben. Wenn ein Wesen seine stoffliche Substanz einem anderen Wesen überlässt, löst sich dessen Seele von dieser Substanz, um zur Mutterseele zurückzukehren. Und seine stoffliche Substanz wird Teil des anderen Wesens.«

»Dann leben diese Wesen also dadurch, dass sie die stoffliche Substanz anderer Wesen vernichten?«

»Ja, so ist das Gleichgewicht der Materie organisiert. Es gibt einen Zyklus, in dem die Arten die von ihnen gesammelte Lichtenergie an andere Arten weitergeben. Dadurch können alle Wesen zweierlei lernen: dass sie einander ebenbürtig sind, denn alle von ihnen brauchen die Lichtenergie, und dass sie miteinander verbunden sind, denn ihre Körper werden am Ende stets Teil anderer Wesen.«

»Oh, also lernen sie auch, anderen zu dienen.«

»Nun ja, manchmal besteht dieses Dienen nur darin, die gesammelte Lichtenergie einem anderen Wesen zu überlassen, und das versteht nur die Mutterseele. Der inkarnierte Teil der Seele wehrt sich meistens dagegen, sich von seiner Gestalt zu lösen, denn das befiehlt ihm eine innere Konditionierung, die man ›Überlebensinstinkt‹ nennt. Deshalb hatte die Pflanze vorhin auch Angst und ihre Aura nahm eine andere Färbung an. Diese Dinge sind alle recht komplex. Ich werde dir bald noch mehr dazu erklären.«

Da ich nicht alles begreifen konnte, was Rumi mir mitteilte, beschloss ich meine Aufmerksamkeit auf das andere Wesen zu richten, das sich die Pflanze einverleibt hatte.

»Ist das ein Mensch?«

»Nein, das ist ein Lebewesen, das man Tier nennt. Diese Art heißt ›Reh‹.«

Die Gestalt und die Bewegungen des Rehs faszinierten mich, doch noch mehr beeindruckte mich, dass es aus einzelnen unterschiedlichen Körperteilen bestand. Außerdem stellte ich fest, dass jeder Teil eine bestimmte Aufgabe erfüllte: Die vier großen Teile ermöglichten die Bewegung, während ein anderer, kleinerer Körperteil sich öffnete, sodass das Reh Pflanzen in seinen Körper aufnehmen konnte.

»Konzentriere dich auf den oberen Teil, denn dort sitzen die Sinne des Tiers«, riet mir Rumi. »Die Sinne sorgen dafür, dass das Tier die Eigenschaften der Wesen in seiner Umgebung erfassen kann, zum Beispiel deren Gestalt, ihre Licht- und Tonschwingungen und anderes.«

Rings um das Reh entdeckte ich eine Kugel, die der unseren ähnelte, aber etwas kleiner war.

»Kümmert sich irgendjemand um das Reh?«, fragte ich.

»Ja, bei komplexeren Tieren wie den Rehen kümmern sich Wesen aus höheren Dimensionen um ihr Wohlergehen. Diese Wesen nennt man ›Engel‹.«

Während Rumi mir die Engel erklärte und das Reh weiterhin Pflanzen fraß, näherten sich ihm, wütend schnaubend, zwei andere Rehe. Die Aura des fressenden Rehs trübte sich ein, ähnlich wie vorhin die Aura der Pflanze.

»Wieso macht das Reh jetzt solche Bewegungen?«, fragte ich.

»Das nennt man ›zittern‹. Das Reh weiß, dass gleich etwas passieren wird, das sein Gleichgewicht beeinträchtigt. Deshalb empfindet es Angst – wie vorhin auch die Pflanze. Diese Angst versetzt seinen Körper in höchste Alarmbereitschaft.«

Als die beiden anderen Rehe das fressende Reh anzugreifen begannen, zog es sich hastig zurück.

»Warum machen die das?«, wollte ich wissen.

»Die beiden Rehe versuchen Neuankömmlinge davon abzuhalten, Pflanzen in ihrem Revier – ihrem Hoheitsgebiet – zu fressen, denn aus diesem Revier bezieht die Gruppe, der sie angehören, ihre Nahrung. Diese Tiere haben als Gruppe ein kollektives Bewusstsein und machen ihre Identität gegenüber Tieren aus anderen Gruppen geltend, selbst wenn diese zur selben Art gehören. Wie du sehen kannst, hat das einzelne Reh aber auch ein individuelleres Bewusstsein als Mineralien oder Pflanzen.«

»Und die Menschen sind durch und durch Einzelwesen, stimmt's?«

»Ja, mehr oder weniger. Du scheinst dich ja sehr für die Menschen zu interessieren. Am besten, wir schauen sie uns an.«

Rumi lenkte uns quer über die Oberfläche Gaias, wobei wir Bergrücken, Seen, Täler, Wüsten, Hügel, Wasserfälle, Meere, Dschungel und Wälder passierten – ein faszinierendes Erlebnis. Doch noch mehr faszinierten mich die vielen hundert Arten, die ich dort sah. Manche flogen durch den Himmel, andere tauchten an der Wasseroberfläche auf.

Dein Planet ist außerordentlich schön, Matt. In eurer Galaxie betrachtet man ihn als wahres Paradies. Nur ist eure ganze Gesellschaft so auf sich selbst fixiert, dass ihr euch gar nicht die Zeit nehmt, diese Schönheit zu genießen.

»Rumi, ich hätte niemals gedacht, dass auf einem so kleinen Gebilde wie Gaia so viele Wesen in solcher Vielfalt beheimatet sind«, bemerkte ich.

»Betrachte Gaia nicht einfach als irgendeinen gewöhnlichen Planeten«, erwiderte Rumi. »Gaia ist ein beseeltes Wesen von wirklich ungewöhnlicher Schönheit. Oh, schau mal, dort sind die Menschen, nach denen du Ausschau gehalten hast.«

12

Was ich über die Spezies Mensch herausfand

Rumi zeigte mir nicht die Menschen aus deiner Zeit, Matt. Inzwischen weiß ich, dass ich Asiaten aus einer prähistorischen Epoche sah, die praktisch nackt waren. Aber damals wusste ich nichts von solchen Dingen.

Ich sah nur ihre allgemeinen körperlichen Eigenschaften als Spezies Mensch.

Während ich die halbnackten Menschen beobachtete, hatte ich den Eindruck, dass sie sehr den Tieren ähnelten. Obwohl ihre Hautfarbe heller war als die der Rehe, hatten sie ebenfalls vier Glieder, einen Kopf und mehrfarbige Auren, und sie kommunizierten durch Töne miteinander. Mir fiel auf, dass sie genauso von kleinen Kugeln umgeben waren, und ich schloss daraus, dass auch sie Schutzengel haben mussten, die sich um sie kümmerten.

»Sie ähneln den Tieren«, sagte ich. »Sie bewegen sich und essen Pflanzen.«

»Aber sie unterscheiden sich auch sehr von ihnen«, entgegnete Rumi. »Wenn du dir die vier Glieder der Menschen anschaust, wirst du sehen, dass die zwei oberen ganz anders als die unteren sind.«

Als ich genauer hinsah, merkte ich, dass sie zwei ihrer Glieder zur Fortbewegung benutzten und die beiden anderen dazu, Früchte zu pflücken.

»Das mag dir nicht sehr wichtig vorkommen«, sagte Rumi, »aber es *ist* wichtig. Ihre Glieder sind der körperliche Ausdruck eines wesentlichen Aspekts ihres Bewusstseins: ihres Potenzials, etwas zu erschaffen.«

»Ach ja? Und wie drücken sie diese Eigenschaft in ihren Gliedern aus?«

»Die Menschen sind eine Spezies, die sich in einem Übergangsstadium befindet. Sie sind halb Geschöpf und halb Schöpfer. Sie empfinden sich als Geschöpfe, sehnen sich jedoch danach, Schöpfer zu sein, so wie die Engel. Und dieses Zwischenstadium führt dazu, dass sie zwei verschiedene Ausprägungen von Gliedern haben. Die des unteren Körpers sind schwer. Sie sind in der Dichte des Planeten verankert und ermöglichen den Menschen lediglich, sich fortzubewegen. Aber die des oberen Körpers sind leichter und erlauben es den Menschen zu handeln und die eigene Realität mitzugestalten.«

Ich konzentrierte mich auf das, was Rumi mir mitteilte, und merkte, dass die beiden oberen Glieder der Menschen kleiner waren als die beiden unteren und auch viel beweglicher.

»Bisher«, fuhr Rumi fort, »ist ihre eigene Kreativität erst so weit entwickelt, dass sie das Beste aus ihrer Umgebung herausholen können. Aber irgendwann werden sie Umgebungen schaffen, die ihren Wünschen und Sehnsüchten genau entsprechen.«

Ich unterbrach Rumi, weil mir an den Menschen etwas aufgefallen war.

»Manche Menschen sind sehr klein«, sagte ich.

»Ja, weil sie gerade erst mit ihrer Inkarnation begonnen haben. Wir nennen sie ›Kinder‹. Im Laufe der Jahre werden sie wachsen, bis sie so groß sind wie die anderen.«

»Und ich glaube, es gibt auch zwei verschiedene Menschentypen«, warf ich ein.

»Ja, weibliche und männliche. Sie haben zwar unterschiedliche Körper, Aufgaben und Kenntnisse, aber jeder Typus benötigt etwas vom anderen. Deshalb kommt sich jedes Individuum unvollständig vor und muss eine Ergänzung in einem anderen Menschen finden.«

»Und was benötigen sie von dem anderen Typus?«

»Vieles. Zum Beispiel dies: Falls die beiden Menschentypen miteinander keinen Nachwuchs zeugen, wird ihre Spezies verschwinden. Ich will es dir erklären. Diese Menschen sind zwar nicht mit der Quelle allen Seins verbunden, doch immer noch haben sie unbewusst Sehnsucht danach, selbst Quellen zu sein. In dieser Dimension können sie andere Menschen hervorbringen, aber nur, wenn sie eine Verbindung mit dem anderen Typus eingehen. Die neuen Menschen sind zunächst viel kleiner und kommen aus dem Inneren des weiblichen Typus. Und da dieser weibliche Typus auf sich gestellt keinen neuen Menschen erschaffen kann, müssen sich beide Typen miteinander vereinigen, um sich als Quellen neuen Seins zu erfahren. Sie lernen also, dass Leben hervorgebracht wird, indem man es mit jemand anderem teilt – genauso wie unser Ursprung darin liegt, dass die Quelle allen Seins den Wunsch hatte, andere an sich teilhaben zu lassen. Und sie werden sich dabei auch der Tatsache bewusst, dass Individualität nicht unbedingt Isolierung bedeutet. Wären alle Menschen auf diese Weise voneinander getrennt, würden sie irgendwann aussterben.«

Mehrere Schreie unterbrachen unser Gespräch. Einer der Menschen versuchte einen anderen aus dem Bereich mit den Pflanzen zu vertreiben und dieser wehrte sich gegen den Angriff. Ihre Auren färbten sich grell orange, und beide begannen, sich auf groteske Weise anzubrüllen und gleich darauf miteinander zu kämpfen, während alle anderen zuschauten.

»Gehören sie verschiedenen Gruppen an?«, fragte ich.

»Nein, in diesem Fall nicht, aber sie behaupten sich einander gegenüber, um ihre Individualität zur Schau zu stellen. Diese letzte Phase extremer Individualität der Menschen ist nötig, damit sie sich ihres Schöpfungspotenzials bewusst werden, aber sie bringt häufig Störungen des Gleichgewichts mit sich. Die Menschen fühlen sich so abgelöst von der Quelle allen Seins und von den anderen Wesen getrennt, dass es ihnen schwerfällt, in Einklang miteinander zu leben.«

Die Worte Rumis kamen mir wie eine Vorahnung vor, denn jetzt griffen die beiden Menschen nach spitzen Steinen und begannen damit aufeinander einzuschlagen. Sie brachten einander tiefe Wunden bei, aus denen unverzüglich Blut strömte.

»Die Engel entfernen sich«, bemerkte ich.

»Das tun sie, weil sie so niedrige Schwingungen einfach nicht aushalten.«

Die Auren der Gegner änderten sich jedes Mal, wenn der Kampf auf Leben und Tod ging. Der Mensch, den der andere vertreiben wollte, blutete mit jedem Schlag des Gegners stärker und ergriff schließlich die Flucht. Doch sein Gegner verfolgte ihn und schlug ihn hinterhältig wieder und wieder. Die Aura des heftig Blutenden schwand nach und nach und der Körper bewegte sich nicht mehr.

Erst in diesem Augenblick wandte sich der Angreifer ab und ging davon.

»Schau dir das an, Dulei. Der Körper dieses Menschen ist so entstellt, dass er die Seele nicht mehr beherbergen kann.«

»Dann hat also ein Mensch dafür gesorgt, dass ein anderer diese Dimension verlassen muss?«

»Genau. Er hat den anderen nicht nur aus dem eigenen Hoheitsgebiet vertrieben, sondern auch aus dieser Dimension.«

»Ich begreife nicht, warum er das getan hat. Gaia ist doch so groß und hat viel mehr Pflanzen als Menschen.«

»Für dich ist das alles schwer zu verstehen, aber es ist nicht leicht, von allem und sogar von sich selbst losgelöst zu leben. Die Menschen lernen nun, ihre Kraft zu zügeln, doch in diesem Fall haben beide Menschen ihr Gleichgewicht verloren und sich zu weit von ihrer Mitte entfernt. Die menschlichen Seelen haben sich so sehr von der Mutterseele gelöst, dass sie inzwischen glauben, sie wären nur Körper. Derzeit geht es ihnen einzig darum, für genügend eigene Lichtenergie zu sorgen. Doch nach und nach werden sie verstehen lernen, dass sie ein gerechtes Gleichgewicht für alle Lebewesen finden müssen.«

Trotz Rumis Erklärungen verstand ich dies alles nicht richtig. Allerdings wurde mir klar, dass es sich wohl um ein notwendiges Stadium im Lernprozess der Menschen handeln musste.

Gleich darauf sahen wir zwei leuchtende Wesen neben dem Körper des Verlierers. Zugleich verließ dessen Seele den Körper.

»Sieh nur, die Engel sind gekommen, um ihn zu seiner Mutterseele zu führen.«

Die Lichtwesen nahmen die Seele des Menschen bei der Hand und verschwanden mit ihr.

Nun stellten sich mehrere Menschen um den Körper desjenigen herum, dessen Inkarnation ein Ende gefunden hatte.

»Holen sich die Menschen auch die von anderen Menschen gesammelte Lichtenergie?«, fragte ich.

»Früher ja, aber jetzt nicht mehr. Mittlerweile holen sie sich die Lichtenergie von den Pflanzen und anderen Tierarten.«

»Und wer erhält die Lichtenergie der Menschen? Nimmt Gaia sie in sich auf?«

»Nein. Normalerweise lösen sich die inkarnierten Seelen im Laufe der Zeit von ihrer Gestalt. Dann nähren sich andere Wesen von den Körpern und ihre Lichtenergie wird letztlich Teil des Pflanzen- oder Tierreichs. Auf diese Weise schließt sich der Kreis in der Welt der Materie.«

Ich konzentrierte mich auf die Seelen der Menschen, die sich um den am Boden liegenden Körper versammelt hatten, und entdeckte große Unruhe bei ihnen. Manche hatten eine so ausgedehnte rote Aura, als wären sie jetzt selbst in einen Kampf verwickelt. Die Auren anderer hingegen waren nur sehr schwach ausgeprägt und farblos.

»Was ist da los?«, fragte ich die Seele Rumis.

»Diese Menschen gehören zur selben Gruppe wie derjenige, dessen Seele seinen Körper verlassen hat, und deshalb haben sie viele Emotionen. Sie sind verstört, weil sie glauben, dass dieser Mensch nun nicht mehr existiert. Sie wissen noch nicht, wie sie mit ihm in anderen Dimensionen kommunizieren können.«

Ich sah, dass sich einige Menschen vor den Körper setzten und ihn berührten.

»Was dringt aus ihren Köpfen?«, wollte ich wissen. »Es sieht wie Wasser aus.«

»Wenn die Menschen sehr starke Emotionen haben, lassen sie aus den Körperteilen, die sie ›Augen‹ nennen, Wasser fließen. Das hilft ihnen dabei, die Emotionen herauszulassen. Die Emotionen tragen zwar zur Regulierung ihres inneren Gleichgewichtes bei, aber sie bringen sie auch sehr durcheinander, sodass es gut ist, sie nach außen zu lassen.«

Es verschlug mir die Sprache, dass diese Menschen Wasser erzeugten, um ihre Emotionen herauszulassen. Ich dachte, ich würde sie wohl niemals verstehen, wenn ich nicht als einer von ihnen inkarnierte.

»Die heftigen Emotionen, die das Verschwinden des Menschen aus ihrer Gruppe ausgelöst hat, können dazu führen, dass sie den Angreifer nun verfolgen und ihm das körperliche Leben nehmen. Und falls es ihnen gelingt, werden andere kommen, die ihnen dasselbe antun.«

»Aber das wird doch nur dazu führen, dass sie alle ihr körperliches Leben verlieren!«, rief ich aus.

»Für dich ist das offensichtlich. Aber ihnen ist bis jetzt nicht klar, dass sie ein Ungleichgewicht nicht mit einem anderen Ungleichgewicht ausgleichen können. Du musst berücksichtigen, dass diese Emotionen sie sehr durcheinander bringen.«

»Also gut, Rumi, was ich bis jetzt verstanden habe, ist Folgendes: Wenn in der Außenwelt irgendetwas aus dem Gleichgewicht gerät, löst das bei den Menschen Emotionen aus, das heißt auch ihr Inneres gerät dann aus dem Gleichgewicht. Das bereitet ihnen Unbehagen, sodass sie versuchen, die Dinge in der Außenwelt wieder ins Gleichgewicht zu bringen.«

»Ja, aber es gibt auch Emotionen des Wohlbefindens. Und noch weitere, tiefere und ehrlichere Emotionen, die man ›Gefühle‹ nennt. Ich werde sie dir zeigen.«

Matt, ich hoffe, dass die folgenden Erklärungen zum menschlichen Dasein, die Rumi mir gab, dir verstehen helfen, dass das, was du ein Gefängnis nennst, eigentlich nichts weiter als eine Schule ist.

13

Die Enträtselung des menschlichen Daseins

Unsere Kugel bewegte sich über die unglaublich vielfältige Erdoberfläche hinweg, die mich nach wie vor faszinierte. Schließlich kamen wir in einem Tal an, in dem viele Pflanzen wuchsen, und schon befanden wir uns unversehens in einem Dorf. Hier lebten Menschen mit dunklerer Hautfarbe, die in einem Kreis zusammensaßen.

»Die Schwingungen des Lichts sind bei diesen Menschen anders«, bemerkte ich.

»Ja, auf Gaia leben Menschen mit vier verschiedenen Lichtschwingungen. Der Nachteil dieser Vielfalt liegt darin, dass die Menschen Mühe haben, ihre Gleichartigkeit zu erkennen. Aber bald wird die Vielfalt ein Vorteil sein, denn wenn sie zu sehen beginnen, dass sie gleichartig sind, werden sie leichter begreifen, dass sie auch mit den anderen Lebensformen eine Einheit bilden.«

Und dann, als es draußen langsam dunkel wurde, entzündeten die Menschen ein Feuer, wie ich mit großem Interesse beobachtete.

»Sie haben gelernt, Licht und Wolken zu erschaffen«, sagte ich verblüfft.

»Ja, das Licht nennt man ›Feuer‹ und die Wolken ›Rauch‹. Das Feuer gibt den Menschen Licht und Wärme.«

Ich entdeckte einen Mann mit einigen Hunden und fragte die Seele Rumis: »Empfangen die Tiere auch Licht von den Menschen?«

»Manche können es, aber diese nicht. Man nennt sie ›Hunde‹. Sie arbeiten mit den Menschen zusammen, um andere Tiere zu fangen. Außerdem wecken sie auch positive Emotionen.«

Während mir die Seele Rumis das erzählte, erkannte ich, dass der Mann mit den Hunden überhaupt keine Schwingungen von Angst verbreitete. Seine Aura strahlte sogar. Als er stehen blieb, um die Hunde zu streicheln, rannten sie zu ihm hinüber und leckten seine Hände.

Aber nun erregte etwas anderes meine Aufmerksamkeit. Ich sah, wie der Astralkörper eines Mannes durch das Dach einer abgeschiedenen Hütte verschwand und sagte: »Schau mal, er ist deinkarniert!«

Rumi kicherte über meine Verwirrung, sodass er schnelle Schwingungen ausstrahlte.

»Nein, wenn du genauer hinschaust, wirst du bemerken, dass ein Lichtband seine Seele mit dem Körper verbindet. Also schläft er nur. Lass uns nachsehen!«

Wir drangen in das Innere der Hütte ein, die der Astralkörper verlassen hatte. Ich sah den Körper des Mannes auf dem Boden liegen und fest schlafen. Er war durch eine silberne Schnur mit der Seele verbunden.

»Das Dasein als Mensch ist für den inkarnierten Teil der Seele so beengend, dass sie sich regelmäßig erholen muss, indem sie in die leichteren Dimensionen zurückkehrt«, erklärte Rumi.

»Was ist mit ihm los?«, fragte ich, denn der Mann lächelte und zugleich veränderte seine Aura die Farbe.

»Er kommuniziert mit anderen Seelen, um bestimmte Aspekte seiner Inkarnation zu planen. Dieser Mensch wird sich später nicht daran erinnern, woher er die Informationen bekommen hat, aber sie werden ihm helfen.«

»Das verstehe ich nicht. Wenn er sich nicht an die Informationen erinnern kann, wie können sie ihm dann nützen?«

»Sie werden in einem Programm, das man das ›Unterbewusstsein‹ nennt, aufgezeichnet. Und bei bestimmten Anlässen hat er Zugang dazu. Du siehst also: Jeder Mensch ist mit mehreren Systemen und Programmen ausgerüstet, damit er sich in dieser Dimension besser entwickeln kann. Doch die Menschen sind sich nur einiger davon bewusst.«

»Ach ja? Warum?«

Meine unschuldige Frage löste bei der Seele Rumis eine ausführliche Antwort aus …

»Weil der inkarnierte Teil der Seele nicht genügend Kapazitäten hat, das alles zu steuern. Deshalb brauchen die Menschen Systeme, die ihr körperliches Gleichgewicht regeln, und Programme, die ihnen Informationen darüber leichter zugänglich machen.

Die *Systeme* sorgen für das innere Gleichgewicht des Körpers. Sie verarbeiten die Energie, die der Körper von anderen Lebewesen aufnimmt, sie regulieren die Wärme sowie die Ausscheidung der überflüssigen Elemente. Aber sie haben auch noch viele andere Aufgaben, die mit dem Wachstum des Menschen, mit seiner Fortpflanzung und mit dem Altern zu tun haben.

Die *Programme* unterscheiden sich davon. Sie versorgen die Menschen nur mit Informationen – als Grundlage für deren Entscheidungen. Alle Menschen verfügen über drei sehr wirkungsvolle Programme: den Überlebensinstinkt, das Unterbewusstsein und den Verstand.

Der Überlebensinstinkt stellt die Informationen bereit, die der Körper für seine Weiterexistenz braucht, das Unterbewusstsein hingegen solche, die den Lebensplan der Seele betreffen. Das dritte Programm, der Verstand, sorgt für die Lernfähigkeit des Menschen.

Ich will versuchen, dir alle drei Programme zu erklären.

Der *Überlebensinstinkt* regt die Menschen dazu an, um Lichtenergie zu kämpfen, sich fortzupflanzen, für die eigene Sicherheit und die ihrer Nachkommen zu sorgen.

Dieser Instinkt ist bei allen Angehörigen der Spezies Mensch in gleichem Maße vorhanden. Hingegen verarbeiten das *Unterbewusstsein* und der *Verstand* Informationen, die bei jedem Menschen unterschiedlich sind.

Das *Unterbewusstsein* kümmert sich um die Informationen, die mit dem zusammenhängen, was die Seele erreichen möchte. Wenn die Seele früher beispielsweise eine Beziehung mit einer anderen Seele eingegangen ist, durch die beide dazugelernt haben, werden sich die beiden Menschen zueinander hingezogen fühlen, ohne zu wissen, warum.

Es mag so scheinen, als würden diese Programme die Freiheit der Menschen einschränken, aber das stimmt nicht. Sie vermitteln stets nur Informationen und erlauben es dem freien Willen des Menschen, die Hinweise der Programme entweder zu ignorieren oder zu befolgen.

Der *Verstand* ist ein Programm, das sich selbst mit Informationen füttert. Jedes Mal, wenn der Mensch irgendeine Erfahrung macht, ordnet der Verstand diese entweder als ›gut‹ oder als ›schlecht‹ ein – je nachdem, ob diese Erfahrung Wohlbefinden oder Unbehagen ausgelöst hat. Und mit diesen Informationen vermittelt er dem Menschen ständig Gedanken, die ihn zu den guten Erfahrungen und weg von den schlechten führen sollen.

Das ist ein notwendiger Mechanismus, weil er es den Menschen erlaubt, sich an ihre Umgebung anzupassen und darin zu überleben. Aber der Verstand bringt auch drei starke Einschränkungen mit sich.

Die erste Einschränkung besteht darin, dass sich der Verstand wegen falscher oder überholter Informationen auch irren kann. Wenn zum Beispiel die Gruppe einem Menschen mitgeteilt hat, dass andere Menschen mit bestimmten Schwingungen Feinde sind, wird sein Verstand dafür sorgen, dass er sich beim Anblick dieser anderen unwohl fühlt – selbst wenn sie gar nicht feindselig sind.

Die zweite Einschränkung liegt darin, dass der Verstand den Menschen davon abhält, gegenwärtige Erfahrungen sofort zu integrieren, weil er jeweils nur Informationen aus der Vergangenheit verarbeiten und sie in die Zukunft projizieren kann. Wenn der Verstand etwas als schlecht betrachtet, vermittelt er dem Menschen also Gedanken künftigen Unbehagens, die man auch Ängste nennen kann. Wenn er etwas als gut eingeordnet hat, vermittelt er Gedanken künftigen Wohlbehagens, die man auch als Sehnsüchte bezeichnen kann. Und so trennen sowohl Ängste als auch Sehnsüchte den Menschen von seiner Umgebung und der Gegenwart.

Und hier die dritte Einschränkung: Da der Verstand nur in dieser einen Dimension arbeitet, hält er den Menschen häufig davon ab, auf die Informationen zu achten, die ihm die Seele durch das Unterbewusstsein vermittelt.«

»Aber das kann doch nicht gut sein, oder?«, fragte ich. »Nach dem, was du sagst, kommt es mir so vor, als würde der Verstand die Menschen von ihrem natürlichen Dasein trennen.«

»Ja, aber das muss nicht unbedingt schlecht sein. Eine der Aufgaben ist es, die Loslösung von anderen und von der Seele zu fördern, damit das Stadium des Vergessens beginnen kann. Denk daran, dass das Dasein des Menschen das einzige ist, in dem der inkarnierte Teil der Seele sich als losgelöst von allem anderen empfindet. Sie erinnert sich nicht mehr daran, wer sie ist, woher sie kommt und was sie hier tut.«

Als ich das hörte, zuckte ich zusammen. »Wie bitte? Der inkarnierte Teil der Seele weiß nicht einmal, wozu sie hier ist?«

»Ja, genau.«

Ich glaube, dass ich, als ich das hörte, zum ersten Mal begriff, welcher Heldenmut dazu gehört, als Mensch zu inkarnieren – das heißt in einer Gestalt zu wohnen, in der man sich losgelöst vom eigenen Ursprung und vom Rest seines Wesens fühlt und nicht einmal weiß, woher man kommt und wozu man da ist.

»Ich verstehe nicht, wieso jemand eine so radikale Loslösung anstreben sollte«, sagte ich.

Rumis Antwort gab mir zu denken …

»Die Loslösung gewährt den Menschen die vollständige Freiheit. Würden sie sich an ihren Ursprung erinnern oder hätten sie unmittelbare Verbindung zu ihm, hätten sie nicht die absolute Freiheit, über ihren Lebensweg zu bestimmen. Diejenigen, die ihrem Inneren folgen und sich dabei ihrem Ursprung annähern, tun das also ohne irgendeine Art von vorausgegangener Konditionierung.

Vielleicht sollten wir den Ausdruck ›Stadium des Vergessens‹ lieber durch den Ausdruck ›Stadium der Freiheit‹ ersetzen. In diesem Stadium kann ein Mensch nämlich darüber entscheiden, ob er außerhalb seiner Quelle als Geschöpf ohne Verantwortlichkeiten leben oder aber sich selbst als Schöpfer erkennen möchte. In den niedrigen Stadien hat der Mensch keinen freien Willen, denn dort sind die Beschränkungen so stark, dass er sich selbst nicht als Schöpfer erkennen kann. In den höheren Stadien wird ihm diese Erkenntnis nicht vermittelt, weil er bereits weiß, dass sein natürliches Sein das eines göttlichen Wesens ist.

Wenn du darüber nachdenkst, wirst du einsehen, dass die Menschen die am weitesten gehende Freiheit besitzen, die es überhaupt gibt, nämlich die Freiheit, selbst entscheiden zu können, ob sie ihr natürliches Sein als göttliches Wesen aufgeben wollen oder wiederentdecken möchten, was sie in Wahrheit sind.

Und meiner Ansicht nach ist der beste Aspekt dieses Stadiums der Ignoranz und Loslösung die in jedem Menschen vorhandene Fähigkeit, selbst zu entdecken, was er ist.«

»Und diese Fähigkeit haben alle Menschen? Aber sobald auch nur ein Einziger entdeckt, was er ist, wird er es doch den anderen erzählen, und dann wird allen klar werden, was sie sind, stimmt's?«

»Nein. Niemand kann einem Menschen die Erfahrung nehmen, selbst zu entdecken, was er ist. Diese Erfahrung vollzieht sich einzig im Inneren des Menschen, und deshalb kann er sie weder mit anderen teilen noch auf sie übertragen. Jedem Menschen ist es vorbehalten, diese Erfahrung im passenden Augenblick selbst zu machen.«

»Es fällt mir aber schwer zu glauben, dass die Menschen wirklich die Freiheit haben, ihre wahre Natur zu entdecken, Rumi. Die Programme, die du mir erklärt hast, haben doch so großen Einfluss auf sie.«

»Sie benötigen die Programme, um sich ihrer Umgebung anzupassen. Aber bei der Erinnerung an ihre Seele hilft ihnen nicht nur ihr Unterbewusstsein. Ihnen helfen auch die Engel. Du musst wissen, dass jeder Mensch von einem Engel oder zwei

Engeln begleitet wird, die ihm helfen, sich mit seiner Mutterseele zu verbinden. Die Engel können allerdings nur helfen, wenn es den Menschen aus freiem Willen danach verlangt.«

»Aha. Aber die Menschen können die Engel ja nicht sehen. Woher sollen sie dann wissen, dass sie die Engel um Hilfe bitten können?«

»Die Engel haben ihre Gegenwart stets einigen Menschen offenbart, damit sie wissen, dass sie an ihrer Seite sind. Und diese Menschen haben es dann den anderen erzählt.«

»Und gibt es auch in dieser Menschengruppe hier jemanden, der seine wahre Natur entdeckt hat?«

»Nein, in dieser Gruppe nicht, aber in anderen. Allerdings würden die Menschen gut daran tun, ihre wahre Natur schnell zu entdecken. Die Menschenarten, die ihre Einheit mit allem Existierenden nicht erkennen, landen letztlich dabei, sich selbst zu zerstören.«

»Was sagst du da?«

»Weißt du, bald werden die Menschen lernen, ihre Umgebung umzugestalten, und diese Macht wird sie an eine Wegscheide führen: Entweder werden sie die Einheit alles Existierenden anerkennen, oder sie werden sich dafür entscheiden, alles Existierende als voneinander getrennt zu betrachten. Wenn sie an die Einheit glauben, werden sie begreifen, dass ihre Aufgabe darin besteht, Gaia zu erhalten und zu schützen. Und dann werden sie sich schnell entwickeln und auf eine allgemeine Harmonie hinarbeiten. Aber wenn sie von der Trennung alles Existierenden überzeugt sind, werden sie nur zum eigenen Vorteil handeln, und das wird das natürliche Gleichgewicht zerstören.«

»Aber man kann doch nicht zulassen, dass sie dieses Gleichgewicht zerstören!«

»Das haben sie sogar schon mehrmals getan.«

»Wirklich? Wie das?«

»Diese Menschen sind Nachkommen anderer Gruppen, die ihre Schöpferkraft entdeckten. Aber da sie Gaias Gleichgewicht zerstörten, sind diese Lebensformen verschwunden. Diejenigen, die überlebt haben, konnten das nur unter großen Qualen und Anstrengungen, denn Gaia veränderte sich völlig. Heute sind die Spuren aller Vorfahren dieser Menschen ausgelöscht und man erinnert sich nicht einmal mehr daran, was diesen Menschen früherer Zeiten zugestoßen ist. Doch bald werden die Menschen ihr Potenzial wieder entdecken und erneut an derselben Wegscheide stehen.«

»Können wir denn nicht dazu beitragen, dass sie sich an ihre Einheit mit allem und allen erinnern?«

»Wir sollten ihren freien Willen respektieren, so wie es auch die Engel getan haben.«

»Aber Gaia kommt mir so faszinierend vor, und ich finde, wir sollten den Menschen helfen, damit sie das Gleichgewicht nicht wieder zerstören.«

»Denk daran, dass alles, was hier geschehen ist, nur zum Lernprozess gehört, den alle inkarnierten Seelen durchlaufen müssen. Und wenn alle auf Gaia lebenden Menschen der Versuchung unterliegen, werden die Seelen auf einem anderen Planeten inkarnieren, um ihre Lektion nochmals zu lernen.«

Diese Worte verblüfften mich. Doch bald darauf wandte ich meine Aufmerksamkeit wieder den Menschen zu, da eine Gruppe von ihnen begann, ihre Trommeln zu schlagen. Beim Rhythmus der Trommeln kam unverzüglich Leben in die Gruppe. Die Frauen begannen, Lieder zu den Trommelschlägen zu singen und voller Energie zu tanzen, und das ließ ihre Auren aufleuchten.

»Was tun sie da?«, fragte ich.

»Sie schaffen Tonschwingungen, während sie ihre Sinneswahrnehmungen und ihre Körperlichkeit genießen. Und je mehr sie diese genießen, desto stärker sind sie mit ihren Seelen verbunden.«

Als die Kinder der Gruppe die Musik hörten, verließen sie ihre Hütten und Spielplätze und schlossen sich den Singenden und Tanzenden an. Mir fiel auf, dass die Kinder nicht so gut singen und tanzen konnten wie die Erwachsenen. Aber sie hatten jede Menge Spaß und lachten so viel, dass sich bei jedem die strahlende Aura noch verstärkte.

Immer mehr faszinierte es mich, wie sich die Menschen in Quellen von Licht und Wellen positiver Energie verwandelten, was mir bis jetzt kaum vorstellbar gewesen war.

»Typisch für die Menschen auf Gaia ist die Intensität ihrer Emotionen«, sagte Rumi. »Sie sind sehr sensibel, deshalb üben sowohl positive als auch negative Erlebnisse eine starke Wirkung auf sie aus. Die Intensität ihrer Emotionen beschleunigt ihre Lernprozesse, da sie dadurch auch die Folgen aller ihrer Handlungen sehr intensiv erleben.«

Tatsächlich hatten die Tonschwingungen offensichtlich eine starke Wirkung auf die Gruppe, denn die Auren hatten Umfang und Helligkeit vervielfacht. Sofort erkannte ich mich in den Trommlern wieder, denn wie du weißt besteht meine Aufgabe im Reich der Pracht und Herrlichkeit genau darin, positive Schwingungen für alle anderen zu erzeugen.

»Hast du bemerkt, dass hier ständig weitere Kugeln auftauchen?«, fragte mich die Seele Rumis. »Indem die Menschen ihre Schwingungen verstärken, ermöglichen sie es den Wesen in höheren Dimensionen, näher zu kommen und ihnen zu helfen.«

»Was ich bemerkt habe, ist, dass die Menschen ihre gesamte Umgebung verändert haben«, entgegnete ich. »Es ist so, als würden sie sich jetzt in einer anderen Dimension befinden.«

»Praktisch ja. Es ist unglaublich, was sie erreichen können, sobald sie nicht mehr nur auf ihren Verstand hören. Wenn sie wüssten, welche Macht sie haben, die energetischen Schwingungen ihrer Umgebung zu erhöhen, würden sie jeden Tag ein Fest feiern.«

Wir verbrachten einige Zeit damit, der Musik, dem Singen und Tanzen zuzuschauen. Das ließ mir viel Zeit, über meinen Plan nachzudenken, und schließlich fand ich auch den Mut, Rumi mein Vorhaben mitzuteilen.

»Rumi«, sagte ich, »falls ich bei der kommenden Wegscheide als Mensch inkarniere, würde ich, glaube ich, gern Schwingungen schaffen, welche die der Menschen verstärken, damit sie nicht mehr nur auf ihren Verstand hören müssen.«

»Wie bitte? Als Mensch zu inkarnieren ist die schwierigste Aufgabe überhaupt, die du übernehmen könntest. Würdest du dich plötzlich losgelöst von allem und allen fühlen und in das Stadium des Vergessens eintreten, würdest du daran zerbrechen und dich zum Abbruch deiner Inkarnation entschließen.«

»Ich weiß, dass es nicht leicht ist, aber ich möchte es gern versuchen.«

»Wenn du den Menschen wirklich dabei helfen willst, sich bei der kommenden Wegscheide für die Einheit aller Wesen auf Gaia zu entscheiden, dann inkarniere als Tier. Tiere müssen sich nicht dem Verstand unterwerfen, und sie können den Menschen zeigen, was Liebe ist. Du könntest ihnen deine höheren Schwingungen auch zur Verfügung stellen, indem du in Gestalt eines Singvogels inkarnierst.«

»Aber ich könnte meiner Meinung nach weit mehr als Mensch ausrichten, denn dann wäre ich Teil ihrer Gruppe.«

»Über eine solche Entscheidung solltest du wirklich sehr lange nachdenken, denn der Teil von dir, der inkarniert, kann sich mit deinem übrigen Selbst nur wiedervereinen, wenn er sich im völligen inneren Einklang befindet. Für ein Tier ist es nicht schwer, diesen Zustand zu erreichen, aber als Mensch braucht man dazu normalerweise Hunderte von Inkarnationen.

»Na ja, sicher lerne ich mit jeder Inkarnation hinzu.«

»Ja, bestimmt. Doch bevor du deine Entscheidung triffst, solltest du meiner Meinung nach erst einmal die beiden alternativen Wege anschauen, die die Menschen am Scheidepunkt einschlagen könnten.«

Und bei diesen Worten beförderte mich die Seele Rumis in die Zukunft – genauer gesagt in die beiden möglichen Zukünfte für Gaia.

14

Die Zukünfte von Gaia

Für dich, Matt, mag es schwer zu verstehen sein, dass die Seele Rumis mich in eine Epoche mitnahm, die nach deiner Zeit liegt. Aber du musst wissen, dass auch Zeit nichts als eine Dimension ist. Und so wie du dich durch den Raum bewegen kannst, können sich andere Wesen durch die Zeit bewegen.

Ich kann dir nicht erklären, wie Rumi das angestellt hat. Obwohl wir uns körperlich nicht von dem Tal entfernten, in dem wir uns aufhielten, beschleunigte die Sonne ihre Reise zu einem schwindelerregenden Tempo – sie tauchte innerhalb einer Sekunde viele Male auf, um sofort wieder zu verschwinden. Von einem Augenblick zum anderen wechselten Tag und Nacht, als wären wir Zuschauer in einem Film, in dem jeder Tag nichts anderes als ein Standbild ist. Binnen weniger Minuten sah ich völlig verschiedene Epochen der Menschheitsgeschichte aufeinander folgen.

Die Menschen begannen aus Steinen und Lehmziegeln Bauten zu errichten. Später verwendeten sie dazu auch noch andere Materialien, wie Metall und schließlich Glas.

»Du siehst hier die ersten Versuche der Menschheit, sich ihrer Schöpferkraft bewusst zu werden«, erklärte Rumi. »Derzeit verändern sie einige der natürlichen Stoffe Gaias, um sich eine für sie maßgeschneiderte Umgebung zu erschaffen. Aber sie werden noch viele Generationen brauchen, bis ihnen aufgeht, dass sie selbst Materie erschaffen können.«

Abgesehen vom Hausbau sah ich auch, dass die Menschen begannen, den Boden und die Gewässer in ihrer Umgebung umzuwandeln und ihren Bedürfnissen anzupassen. Außerdem entwarfen sie viele Mittel, um sich mühelos von einem Ort zum anderen bewegen zu können.

Doch jedes Mal – wie unter einem Zwang – endete es damit, dass die Menschen alles von ihnen Geschaffene aufgaben und die Natur wieder die Oberhand gewann.

»Was du siehst«, sagte Rumi, »sind unterschiedliche Organisationen von Gruppen, die man als ›Zivilisationen‹ bezeichnet. Jede Zivilisation spiegelt den Entwicklungsgrad der Seelen wider, die diese Zivilisationen geschaffen haben. Mit jeder neuen Zivilisation lernen die Menschen Neues dazu, aber früher oder später taucht dann eine andere Zivilisation auf oder die alte bricht zusammen und die Menschen kehren zu einer Lebensweise zurück, bei der sie stärker mit der Natur verbunden sind.«

Du kannst dir gar nicht vorstellen, Matt, wie viele Zivilisationen ich kommen und gehen sah. Ich weiß nicht alle ihre Namen, aber ich kann dir versichern, dass die Geschichte, die sie dir im Schulunterricht vermittelt haben, längst nicht alle umfasst. Für euch sind solche Zivilisationen nur noch Legende, da ihr nicht akzeptieren könnt, dass beispielsweise Atlantis über eine bessere Technologie verfügte als ihr heute.

Nachdem Atlantis im Meer versunken war, sah ich die Geburt der Epoche, in der du dich jetzt befindest. Es entwickelten sich neue Welten, und die Jahrhunderte folgten so schnell aufeinander, dass mir gar keine Zeit blieb, die Veränderungen zu verarbeiten. Es dauerte nicht lange, bis auf dem Lande Dörfer entstanden, und bald darauf entwickelten sich die Dörfer zu riesigen Städten – in denen einige Bäume und Pflanzen überlebten.

Nun verlangsamte sich die Zeit wieder und wir hielten am Anfang des einundzwanzigsten Jahrhunderts an, in deiner Epoche also. Mag sein, dass du diese Epoche für farblos und uninteressant hältst, doch in Wahrheit entscheidet sich in ihr die Zukunft Gaias.

Ich habe mir eine eurer Städte angesehen, und dabei ist mir vieles aufgefallen.

»Warum ist der Himmel hier nicht mehr blau?«, fragte ich Rumi.

»Wegen des Rauchs«, antwortete er. »Diese Zivilisation nutzt viel Feuer.«

»Ja, jetzt sehe ich, dass die Häuser Rauch erzeugen.«

»Und auch die Menschen. Siehst du sie?«

»Stimmt. Die Frau dort erzeugt Rauch.«

»Wenn du genauer hinschaust, siehst du, dass sie eine schwelende Pflanze in der Hand hält. Diese Menschen mögen Luft voller Rauch, der durch die Verbrennung von Pflanzen entsteht.«

»Nehmen sie auf diese Weise Lichtenergie in sich auf?«

»Nein, in Wahrheit verletzt dieser Rauch sogar ihr körperliches Gleichgewicht und verkürzt ihr Leben.«

»Oh, aber weshalb tun sie dann so etwas?«

»Weil ihr Verstand diesen Rauch als lustvoll registriert. Denk daran, dass der Verstand nur die Informationen verarbeitet, die ihm die Sinne vermitteln und nicht die Seele des Menschen.«

»Schau mal, sie haben kleine Häuser, die sich bewegen und ebenfalls Rauch erzeugen.«

»Eigentlich sind das keine richtigen Häuser, denn niemand lebt darin. Man nennt sie ›Automobile‹. Sie sind typisch für diese Epoche, denn die jetzt lebenden Menschen ahmen diese Automobile inzwischen nach: Sie bewegen sich hastig und voneinander isoliert und weichen einander aus. Mittlerweile erfassen sie das Leben gar nicht mehr mit allen Sinnen.«

»Aber wieso bewegen sich alle so schnell?«

»Weil sie ihr Denken stets auf die Zukunft ausrichten, denn sie haben das Gefühl, sie müssten der Gegenwart entfliehen.«

»Aha. Merken sie denn nicht, dass es unmöglich ist, die Gegenwart zu verlassen?«

»Nein. Das verbirgt ihnen ihr Verstand, um sie am Laufen zu halten. Denk daran, dass die Menschen in diesem Stadium ihre Aufmerksamkeit fast ausschließlich auf ihren Verstand richten. Das ist ein notwendiges Stadium in der Entwicklung jedes Menschen. Da ihr Verstand sie dabei unterstützt, Möglichkeiten zur Erfüllung ihrer Bedürfnisse zu finden, müssten sie ihren Überlebensinstinkt eigentlich als überflüssig betrachten. Aber diese Menschen verlassen sich mehr denn je darauf.«

»Warum?«

»Weil sie sehr emotional sind und von den Ängsten bestimmt, die ihnen ihr Verstand einredet. Sie machen sich ständig Sorgen um ihre Zukunft – das hat der Verstand erreicht. Deshalb haben sie das Gefühl, der Gegenwart entkommen und von allem weglaufen zu müssen. Das Problem besteht darin, dass sie, falls sie weiterhin aus der Gegenwart flüchten, eine Zukunft schaffen werden, in der sie die Verbindung zu ihren Seelen völlig verloren haben. Eine solche Zukunft werde ich dir zeigen, damit du es besser verstehst.«

Während die Sonne ihre Reise wieder beschleunigte, sah ich, wie sich die Stadt immer weiter ausdehnte, bis jede Pflanze in meinem Blickfeld vernichtet war.

Kurz darauf verlangsamte sich die Reise der Sonne wieder und wir hielten in einer anderen Zeit an. Ich kann dir nicht sagen, Matt, welches Jahr es war, es könnte jedoch in einem auf eure Zeit folgenden Jahrhundert gewesen sein.

Als ich mich umschaute, machte mir eine schwer zu beschreibende Schwere zu schaffen.

Lange Mauern, so hoch wie die Gebäude, trennten die Wohngebiete voneinander ab. Da die Sonne nicht hindurch drang, waren es hässliche, dunkle Umgebungen, die einen zu ersticken drohten.

»Warum teilen sie ihre Wohngebiete durch Mauern ab?«, fragte ich.

»Jede Zone umfasst nur Bewohner, die einer ähnlichen Arbeit nachgehen. Sie passen aufeinander auf und lassen nicht zu, dass irgendjemand gegen die Regeln verstößt. Das heißt, sie glauben, dass eine solche Aufteilung der Wohngebiete effizienter ist und den Bewohnern mehr Sicherheit bietet.«

»Und das stimmt?«

»Nein. In Wahrheit lässt die herrschende Minderheit die Zonen anlegen, damit die Mehrheit nicht sieht, wie viel die Minderheit besitzt. Und wenn die Mehrheit diese Abschottung zulässt, dann nur deshalb, weil es ihren Ängsten und ihrer Isolation entspricht, die sie innerlich selbst gegenüber anderen Menschen empfinden.«

Mir fiel auf, dass ein riesiges Netz rollender Fußgängerwege die Gebäude miteinander verband und Tausende von Menschen von einem Ende der Stadt zum anderen beförderte. Ich kann dir nicht sagen, welche Art von Menschen ich dort sah, denn alle – selbst die Kinder – trugen Helme, die auf Augenhöhe Bilder projizierten.

»Sicher sind ihre Auren klein und dunkel«, sagte ich.

»Ja, sie sind fast nicht zu erkennen. Es gibt hier auch keine Lichtkugeln. Die Engel werden von hier fortziehen müssen, da sie diese Dichte und Enge nicht aushalten.«

»Aber ohne die Hilfe der Engel werden sie sich nicht wieder mit ihren Seelen verbinden können, oder?«

»Nach dem, was wir hier sehen, wird das wohl kaum möglich sein. Und ich fürchte, diese Menschen haben sich so sehr von ihrem Selbst entfernt, dass das Einzige, was sie noch erwecken könnte, das Leiden ist.«

Plötzlich entdeckte ich neben einer Frau ein Tier und fasste Hoffnung, dass die Tiere den Menschen dabei helfen könnten, aufzuhören, blindlings auf ihren Verstand zu vertrauen. Doch als ich genauer hinsah, merkte ich, dass dieses Tier keine Aura hatte und nur eine Maschine war, die wie ein Hund aussah.

»Das ist ja gar kein Tier!«, sagte ich.

»In dieser Zukunft wird man die domestizierten Tiere durch gehorsame künstliche Konstruktionen ersetzen«, entgegnete Rumi. »Und die natürlichen dir bekannten Tierarten werden nicht mehr existieren. Jene, die weit weg von den Menschen gelebt haben, werden aussterben, weil sie das Ungleichgewicht des Planeten nicht vertragen. Und andere, die zur Schaffung von Lichtenergie nützlich sind, wird man auf künstliche Weise völlig umgestalten. Schau mal!«

Die Seele Rumis lenkte unsere Kugel ins Innere eines Schlachthofs, in dem riesige Tiere auf dem Boden lagen. Aus ihren Körperöffnungen ragten Schläuche.

»Die Tiere sind jetzt nur noch Pakete von Lichtenergie. Was du hier sehen kannst, sind die künftigen Modifikationen einer

Tierart, die man früher ›Schwein‹ nannte. Nun können sich diese Tiere nicht mehr bewegen, und ihre Körper werden bald zehn Mal größer sein als zu der Zeit, als sie noch Schweine waren. Aber sie werden immer noch dieselben Glieder haben.«

Alles, was ich da sah und hörte, war mir zuwider und verwirrte mich. Mir wurde klar, dass die Menschen dabei waren, einen außerordentlich reichen, bewohnbaren Planeten in eine Welt zu verwandeln, in der alle anderen Arten entweder aussterben oder verkrüppelt sein würden. Die Menschen hatten einen fatalen Irrweg eingeschlagen, waren von allen anderen Lebewesen und sich selbst isoliert.

Als unsere Kugel den Schlachthof verließ, stiegen wir in den grauen Himmel über der Stadt empor.

»Ich glaube, du hast jetzt genügend von dieser Zukunft gesehen«, sagte Rumi. »Jetzt werde ich dir die Zivilisation zeigen, die die Menschheit erschaffen wird, falls sie an der Wegscheide die innerliche Loslösung von allen anderen Lebewesen überwindet und stattdessen auf die Einheit von allen setzt.«

Nun hielt die Sonne in ihrer Reise inne und drehte sich in die Gegenrichtung, sodass alles rückwärts lief. Die Stadt demontierte sich selbst und schrumpfte immer mehr, bis die Tiere nach und nach zurückkehrten. Als sie wieder so aussah wie zu dem Zeitpunkt an der Wegscheide, hielt die Sonne inne, bewegte sich danach in die gewohnte Richtung und steuerte in schnellem Tempo die Zukunft an.

Ich sah, wie die Stadt sich entvölkerte und auflöste. Und nach und nach breitete sich die Natur wieder aus.

Wenige Minuten später hatte sich die Umgebung in einen Dschungel verwandelt, in dem hier und da neue Gebäude standen. Die Siedlung der Menschen fügte sich wunderbar in das Umfeld der Bäume und Tiere ein, so als hätte jemand ein paar Häuser bewusst mitten im Dschungel errichtet. Die Häuser hatten geometrische Formen, waren einstöckig und bestanden vor allem aus Kristall.

»Hier fühle ich mich wohl«, bemerkte ich.

»Du wirst sehen, dass diese Zukunft nicht viel Ähnlichkeit mit der anderen hat«, erwiderte Rumi.

Hier hielten sich Menschen aller Hautfarben auf. Sie trugen sehr dünne, lichtdurchlässige Gewänder, die sich eng an ihre Haut schmiegten. Langsam spazierten sie durch den Dschungel oder schwebten in gondelförmigen Fahrzeugen durch den Himmel.

»Lass uns dieser Frau folgen«, schlug Rumi vor.

Unsere Kugel folgte einer Frau, die durch die Dschungelsiedlung ging und sich dabei auf telepathische Weise mit ihrem Schutzengel unterhielt. Der Engel begleitete sie in seiner Lichtkugel. Die Frau sagte, sie würde gern andere Menschen ausbilden, doch der Engel empfahl ihr, vorher erst noch ihre Fähigkeiten zur telepathischen Verständigung zu vervollkommnen. Er werde ihr gern dabei helfen.

Die Frau bedankte sich bei dem Engel und verabschiedete sich gleich darauf von ihm, da sie nun schlafen müsse. Der Engel wünschte ihr gute Erholung und verschwand mit seiner Kugel.

Jetzt setzte sich die Frau unter einen Baum und tat etwas, das mich wirklich verblüffte. Sie schloss die Augen, streckte die Arme aus und hielt plötzlich ein Kissen in den ausgestreckten Händen.

»Sie haben gelernt, wie man selbst etwas erschaffen kann!«, sagte ich.

»Genau«, erwiderte Rumi. »Wenn die Menschen das Teilen lernen, wird es keine Knappheit mehr geben. Und die Engel werden die Menschen lehren, Dinge allein mit der Kraft ihrer Gedanken zu erschaffen.«

»Dann können sie ja auch alle Lichtenergie schaffen, die sie benötigen.«

»Sie müssen sie nicht einmal erschaffen. Wenn sie lernen, Gaias Gleichgewicht zu respektieren, wird Gaia mehr Sonnenenergie empfangen. Und das wird es allen Arten ermöglichen, Nährstoffe direkt aus dem Licht zu beziehen. Ist dir aufgefallen, wie viele unterschiedliche Tierarten hier miteinander leben?«

Ich blickte auf die Tiere, die überall in der Dschungelsiedlung umherstrichen oder sich irgendwo ausruhten, und sah, dass sie in allen möglichen Formen und Größen vertreten waren. Mittlerweile weiß ich, dass es beispielsweise Robben, Büffel, Kängurus und Waschbären waren.

»Dir ist ja bekannt, dass die Tiere ihre Nährstoffe früher von Pflanzen und anderen Tieren bezogen haben«, sagte Rumi. »Aber hier bekommen sie ihre Energie direkt vom Licht. Deshalb brauchen sie nun nicht mehr zu kämpfen oder zu jagen, um zu überleben.«

Matt, bitte glaube mir, dass ich tatsächlich mit eigenen Augen sah, wie wilde Tiere wie Tiger, Hyänen oder Schakale ohne jede Angriffslust mit den Menschen zusammenlebten. Irgendwann erregte ein Wolf, der ein Zebra anknurrte, um es aus seinem Territorium zu vertreiben, meine Aufmerksamkeit. Aber sofort ging ein Mann zu dem Wolf hinüber, umfing ihn mit seinen Armen und Wellen der Liebe und beruhigte ihn dadurch wieder.

»Hast du das gesehen?«, fragte Rumi. »Die Menschen hier haben endlich verstanden, dass ihre Rolle auf Gaia nicht darin besteht, andere Arten von Lebewesen zu beherrschen, sondern deren Entwicklung zu fördern – genauso, wie es die Engel mit den Menschen tun.«

Tatsächlich änderte der Wolf sofort sein Verhalten und begann mit dem Mann zu spielen.

»Natürlich würde es mir sehr gefallen, wenn die Menschen eine solche Zukunft schaffen würden«, erklärte Rumi. »Aber du musst wissen, dass die Chancen für eine Einheit nicht größer sind als die für die Abtrennung.«

»Es ist unglaublich, dass es diese beiden so unterschiedlichen Zukunftsmöglichkeiten auf ein und demselben Planeten gibt«, warf ich ein.

»Ja, und alles hängt davon ab, ob es der Menschheit gelingt, an der entsprechenden Wegscheide ihre alte Denkweise zu überwinden oder nicht.«

Ich fragte die Seele Rumis, warum es die Menschen so sehr verändern würde, wenn sie es unterließen, vor allem auf ihren Verstand zu hören. Daraufhin erklärte er mir die Macht der Gewohnheit in Zivilisationen wie denen der Menschen.

»Wenn die Menschen materielle Sicherheit erlangen, beginnen sie, mehr auf ihr Inneres als auf ihren Verstand zu hören. Das gibt ihnen ein solches Wohlgefühl, dass in ihnen der Verdacht wächst, ihr Verstand könne sie einschränken. Von Mal zu Mal richten sie ihre Aufmerksamkeit dann mehr auf ihr Inneres und hören dabei auf den Rat der Engel. Sie nennen das ihre inneren ›Eingebungen‹. Auf diese Weise berücksichtigen und befolgen sie mit der Zeit die Hinweise, die sie von ihren Seelen erhalten. Diese Hinweise wiederum versorgen sie mit Erlebnissen und Erfahrungen, die ihre Selbstsicht verändern. Wenn sie zum Beispiel Erinnerungen aus früheren Leben empfangen oder in ihren Astralkörpern Reisen in die Zukunft unternehmen, begreifen sie, dass sie in Wahrheit Seelen sind – und nicht darauf programmiert, nur ihre Körper am Leben zu halten. Und dann merken sie nach und nach, dass ihre Gestalt und alle ihre Begrenzungen nur äußerliche Dinge sind und ihre Seelen die Kraft haben, ihre Realität mit zu erschaffen.

Wenn sie sich wieder mit ihren Seelen verbinden, spüren sie, dass hinter jedem Menschen, der auf ihrem Planeten wohnt, eine Seele steckt, die ihrer Seele ebenbürtig ist. Und haben sie erst einmal begriffen, dass jede Seele weder Gestalt noch Begrenzung kennt und alle Seelen denselben Ursprung haben, verstehen sie, dass alles, was existiert, eine einzige Einheit bildet.

Haben die Menschen dann verarbeitet, dass alles eine Einheit bildet, selbst wenn sich die Lebensformen unglaublich stark voneinander unterscheiden, wissen sie darüber hinaus, dass sie alles, was sie anderen antun, genauso sich selbst antun. Und das bringt sie dazu, auch andere Lebensformen als die eigene zu respektieren. Wenn sie aufhören, zwischen dem »Ich« und dem »Ihr« zu unterscheiden, wird alles in gleichem Maße wichtig.

Respekt und Liebe allem gegenüber sind die Anzeichen von Reife, die die Engel von den Menschen erwarten. Dann werden sie der Menschheit dabei helfen können, ihre Entwicklung ein großes Stück voranzubringen. Sobald die Engel erkennen, dass die Menschen einander nicht mehr wehtun oder andere Arten von Lebewesen missbrauchen, werden sie ihnen beibringen, neue Technologien und neue mentale Fähigkeiten zu entwickeln. Zu diesen Fähigkeiten zählen beispielsweise die Telepathie und das Hellsehen, Heilungen mittels Energie und die Manifestation von Gedanken in Form von Materie. Und diese Fähigkeiten werden nicht nur die Menschen radikal verändern, sondern auch die Lebensweisen aller Geschöpfe auf diesem Planeten.«

»Ich glaube, ich habe fast alles verstanden, aber über eine Sache bin ich mir noch nicht im Klaren«, warf ich ein. »Auf welche Weise wird sich entscheiden, in welche Richtung die Menschheit zukünftig geht? Die Menschen, die sich wieder mit ihren Seelen verbinden, werden doch furchtbar leiden, wenn sie in einer Zukunft der Isolation landen. Und jene, die nur auf ihren Verstand hören, werden ebenso leiden, wenn sie in einer Zukunft der Einheit landen.«

»Da hast du recht«, antwortete Rumi. »Aber du solltest diese Wegscheide nicht als einen ganz bestimmten Moment in der Zeit betrachten. Sie entwickelt sich über mehrere Generationen. Während der Zeitspanne wird die Anzahl der Menschen, die auf ihre Seelen hören, ständig wachsen, bis zu dem entscheidenden Moment, in dem man abschätzen kann, welches Niveau das kollektive Bewusstsein erreicht hat.

Die Seelen, die in der Überzahl sind, werden auf Gaia bleiben. Und die anderen werden, wenn sie ihre irdische Inkarnation hinter sich lassen, auf einem anderen Planeten inkarnieren – einem Planeten, der ihrem Reifegrad entspricht.«

Mir war klar, dass Gaia sich der Mehrheit anpassen würde. Und auch, dass das, was in den Jahren der Wegscheide auf Gaia gesät wurde, Gaia schließlich entweder in eine Hölle oder aber in ein Paradies verwandeln würde.

Deshalb musste ich nicht zwei Mal überlegen, ehe ich Rumi mitteilte: »Trotzdem habe ich mich dazu entschlossen, in den Jahren der Wegscheide als Mensch zu inkarnieren und meine Schwingungen jenen anzubieten, die am schlimmsten auf Irrwege geraten sind.«

»Aber …«, begann Rumi.

»Ich weiß ja, dass es nicht leicht wird«, überging ich seinen Einwand. »Höchstwahrscheinlich sitze ich dann dort fest, ohne die Menschen dazu bringen zu können, auf ihre Seele zu hören. Aber diese Wegscheide ist zu wichtig, um es nicht wenigstens zu versuchen.«

»Denk daran, Dulei, dass du, wenn du mit dem Prozess der Inkarnation beginnst, den Zyklus der Inkarnationen auch zu Ende bringen musst …«

»Ja, bis ich mein inneres Gleichgewicht erlangt habe, ich weiß. Mir ist auch klar, dass ich das Risiko eingehe, mich in all dieser Isolation selbst zu verlieren. Doch trotz der starken Auswirkungen, die das Vergessen und die Loslösung auf mich haben mögen, bin ich davon überzeugt, dass alles, was mich ausmacht, letztlich wieder auftauchen und zu mir zurückkehren wird. Und dass das, was stets eine Einheit gebildet hat, sich früher oder später wieder zu einer Einheit verbinden wird.«

15

Was ich von hier aus für dich tun kann

Lieber Matt, das, was folgte, kannst du dir vermutlich vorstellen. Die Seele Rumis führte mich aus dem Universum der Materie heraus, damit ich mich der Schule anschließen konnte. Und er stellte mir Kuan Yin als meine Lehrerin für die kommende Inkarnation vor.

Rumi und Kuan Yin waren diejenigen, die mir bei der Aufspaltung halfen. Wir fertigten ein Duplikat eines Teils von mir an, und das Ergebnis war die Seele Duleis.

Wie du weißt, halfen die beiden uns später auch dabei, für dich eine passende Familie von Seelen zu finden, die zu Zeiten der Wegscheide als Menschen inkarnierten.

Außerdem teilten sie uns Jeremiah zu. Er sollte dich beschützen und dir dabei helfen, deine Schwingungen jenen zu vermitteln, die sie am meisten brauchten. Und schließlich spaltete sich ein Teil von Duleis Seele ab, der als Mensch inkarnierte und zu dir, Matt, wurde.

Danach geschah das, was geschehen musste: Du hast dein wahres Selbst vergessen. Du hast vergessen, wer du warst –

oder wer ich war. Dazu trägt auch bei, dass die menschliche Sprache sehr begrenzt ist und niemals wirklich ausdrücken kann, wer wir sind.

Jetzt sind dir alle Schritte bekannt, die wir unternommen haben, um deine Inkarnation als Mensch auf Gaia in der Epoche der Wegscheide vorzubereiten.

Ich hoffe, es wird dir dadurch leichter fallen, deine Inkarnation richtig zu verstehen.

Für den Fall, dass es dir hilft, möchte ich dich noch wissen lassen, dass ich dir unendlich dankbar bin. Ich werde dir stets dankbar für diese Inkarnation sein, weil ich dank dir meinen Traum ausleben konnte, ein Leben in der Welt der Materie zu führen. Zugleich übermittle ich dir auch meine absolute Solidarität und mein Mitgefühl. Obwohl ich hier ›oben‹ nicht leiden musste, habe ich bei jedem deiner schlimmen Erlebnisse mit dir gelitten.

Falls Anerkennung dazu beiträgt, dass du dich mit deiner Inkarnation aussöhnst, kannst du zufrieden sein. Du weißt ja jetzt, dass du zu einem Helden geworden bist. Denk daran, dass man die dritte Dimension auch die ›Dimension der Tapferkeit‹ nennt. Und schon die Tatsache, dass deine erste Inkarnation die als Mensch war, verdient Lob.

Doch was noch wichtiger ist: Du hast unser Ziel erreicht, die Frequenzen bei Tausenden bis dahin verlorener Menschen zu erhöhen. Und das hast du getan, ohne schlechtes Karma anzusammeln, das dich zu einer weiteren Inkarnation zwingen würde. Das hat vorher niemand für möglich gehalten. Dafür schätze und bewundere ich dich ohne jede Einschränkung. Ich will damit jedoch keinesfalls sagen, dass wir dich hier im Reich der Pracht und Herrlichkeit nun, da du dein Lebensziel erreicht hast, mehr lieben als zuvor. Ich habe dich immer schon bedingungslos geliebt, und du weißt ja, dass man das Absolute nicht steigern kann.

Wenn du – trotz meiner Wertschätzung, meiner Dankbarkeit und meines Mitgefühls – immer noch das Gefühl hast, dass deine Inkarnation die Mühe nicht wert war oder ist, denke an die Zukunft. Aufgrund deiner Inkarnation gewährt man dir ein außerordentliches Privileg: Du wirst mit ALLEM verschmelzen. Ich kann mir für dich keine wunderbarere Erfahrung vorstellen als die Entdeckung, dass du mit allem verbunden, Teil von allem bist, nachdem du vorher geglaubt hast, ein von allen und allem abgetrenntes Lebewesen zu sein. Sicher muss es dir so vorkommen, als hätte sich in deinem Inneren der Urknall vollzogen – als wärst du von einem winzigen Punkt im Universum zu einem innerlich so ausgefüllten glücklichen Wesen geworden, dass du gar nicht anders kannst als dich unendlich auszudehnen.

Und genau das wirst du an dem Tag erleben, an dem du und deine Seele sich aus freiem Willen dafür entscheiden, sich zu vereinen. Ich kann dir versichern, dass dieser Augenblick auch der glücklichste in meinem Sein sein wird.

Vielleicht wird dich dieses Versprechen zukünftiger Erfüllung – entgegen meiner Ansichten dazu – nicht befriedigen. Trotz allem wird es für dich schwer vorstellbar sein und du wirst wahrscheinlich Zweifel daran haben, dass diese künftige Erfüllung alles Leid und die Isolation aufwiegen kann, die du auf Gaia erlebt hast.

Nun ja, solltest du zu diesem Zeitpunkt nach wie vor unzufrieden sein, wirst du dir selbst weiterhelfen müssen, denn nun gibt es nichts mehr, was ich noch für dich tun könnte.

Weißt du, was der eigentliche Grund dafür ist, dass ich dir keine Antworten geben kann, die dich ganz und gar zufriedenstellen werden? Es liegt schlicht daran, dass es keine zufriedenstellenden Antworten auf falsch gestellte Fragen gibt.

Versetze dich einmal in meine Lage und stell dir vor, du müsstest einem Teil von dir selbst, der sich als von dir getrennt betrachtet, Erklärungen geben.

Was würdest du deinem Gedächtnis mitteilen, wenn es dir sagen würde, wie frustriert es ist, Informationen speichern zu müssen, ohne zu wissen, wozu das letztlich dient? Was würdest du deinen Füßen mitteilen, würden sie dir sagen, dass sie es nicht richtig finden, das Gewicht deines ganzen Körpers tragen zu müssen? Und was würdest du tun, wenn deine Füße dir eines Tages vorwerfen, dass du dich zu einer Pilgerwanderung entschlossen hast, obwohl du vorher wusstest, dass sie dabei Blasen bekommen würden?

Wenn du darüber nachdenkst, wirst du merken, dass keine Antwort sie zufriedenstellen wird. Und warum? Weil jene Teile deines Körpers sich als getrennt von dir betrachten, was nicht der Wirklichkeit entspricht.

Hast du jemals deinen Beinen vorgeworfen, dass sie so schwer sind? Wäre es sinnvoll, deinem Gehirn vorzuwerfen, dass es zu wenig Neuronen hat? Es ist genauso wenig sinnvoll, dass *du einem Teil von dir* irgendetwas vorwirfst, wie es sinnvoll ist, dass *diese Teile dir* irgendetwas vorwerfen.

Ich habe dir diese Beispiele gegeben, damit du besser verstehen kannst, dass wir beide – du und ich – keine zwei voneinander getrennte Wesen sind. Du bist ich und träumst, dass du einzig und allein Matt bist. Und du wolltest genauso sehr inkarnieren, wie es mein Wunsch war, auch wenn du dich jetzt nicht mehr daran erinnerst.

Und weißt du, warum du dich nicht mehr daran erinnerst? Weil du dich immer noch für Matt hältst. Und da Matt eine zeitweilige irdische Identität hatte, besitzt du auch nur Erinnerungen an die Erde.

Wahrscheinlich wirst du jetzt sagen, dass es offenbar keine Lösung gibt, da du nicht fähig bist, dich an deine Seele oder deinen Spirit zu erinnern, und dich nach wie vor von beidem getrennt fühlst.

Dir bleiben jedoch zwei Möglichkeiten, diese verzwickte Situation zu lösen: Die erste Möglichkeit besteht darin, dich selbst davon zu überzeugen, dass du nicht losgelöst von deiner Seele und deinem Spirit existierst. In der Vergangenheit ist das vielen Mystikern gelungen. Das einzige Problem dabei ist, dass du, um deine wahre Identität wiedererlangen zu können, dich als Erstes von deiner falschen irdischen Identität lossagen musst, und in deiner Seele wird sich vieles gegen diesen Sprung wehren. Die andere Möglichkeit besteht darin, einfach Vertrauen zu haben und dich zu entwickeln. Trau den Bekundungen der Mystiker, die erklärt haben, dass sie ihre Einheit mit allem entdecken konnten. Trau dem, was deine Engel, deine Führer, deine Seele und dein Spirit dir mitteilen, und entwickle dich weiterhin in die Richtung, die sie dir empfehlen – bis der Schritt zu deiner wahren Identität nur noch so klein ist, dass du ihn ohne jede Angst tun kannst.

Ich weiß, dass keine dieser beiden Möglichkeiten ideal ist. Sicher würdest du gern einsehen, dass du eins mit allem bist, ohne dich von deiner Identität als Matt lossagen zu müssen. Aber das ist nicht miteinander vereinbar und daher unmöglich. Matt hat seine Grenzen und kann nicht alles sein. Um zur Einheit mit allem zurückzufinden, musst du aufhören, Matt zu sein.

Ich will dir noch ein weiteres Beispiel geben, damit du dies alles so sehen kannst wie ich. Stell dir vor, du träumst eines

Nachts, du wärst ein Vogel. Und diesem Vogel gefällt seine Traumwelt nicht. Du versuchst ihm zu erklären, dass er – obwohl er sich nicht daran erinnert – in Wirklichkeit *du* bist, der träumt, er wäre ein Vogel. Doch der Vogel begreift nicht, was du sagst, denn alles in seiner Welt bestätigt, dass er von jeher ein Vogel war. Also kommt der Vogel zu dem Schluss, dass er gar nicht erst über die Möglichkeit nachdenken will, irgendetwas anderes zu sein. Deshalb kannst du nun nichts anderes tun, als ihn zu bitten, Vertrauen zu haben und sich keine Sorgen zu machen. Du sagst ihm, dass er sich beim Aufwachen wieder mit dir vereinen wird. Und dass er dann etwas merken wird: Niemals war er wirklich in Gefahr. Der Traum hat es ihm lediglich ermöglicht, eine neue, wertvolle Erfahrung zu machen.

Wahrscheinlich würdest du dem Vogel auch erzählen, dass er sich den Traum allzu sehr zu Herzen nimmt. Würdest ihm raten, sich einfach über den Traum zu freuen und nicht alles zu bewerten, was er darin erlebt hat. Würdest ihm vielleicht sagen: »Du kannst dich doch glücklich schätzen, so einzigartige Erfahrungen in einem faszinierenden Reich gemacht zu haben, während ich selbst immer nur einen kleinen Teil davon erlebe.« Oder auch: »Verschwende deine Zeit nicht, der Traum wird nämlich nicht lange dauern. Du kannst jetzt jeden Moment aufwachen und wirst dann womöglich das Gefühl haben, diesen Traum nicht wirklich ausgekostet zu haben.«

Matt, nach allem, was ich dir bisher mitgeteilt habe, kann ich nur hoffen, dass ich erklärt habe, warum ich nun nichts mehr für dich tun kann. Denk daran, dass ich durch die Aufspaltung meines Selbst jede Möglichkeit zur Kontrolle meiner Seele aufgegeben habe. Und das bedeutet, dass du frei bist und nur du entscheiden kannst, welchen Weg du gehen wirst.

Wie auch immer deine Entscheidung ausfällt: Ich werde dich immer ohne jede Einschränkung unterstützen. Du weißt, dass ich nichts anderes als Liebe bin, und ich kann niemals aufhören, dich zu lieben. Deshalb kann ich dir nur raten, dein Herz zu öffnen und deinem Herzen zu vertrauen.

Dein Spirit, der dich unendlich liebt.

16

Die Entscheidung

Ich schloss das Buch, das mir mein Spirit gegeben hatte, und sah meinen Schutzengel, meine Führerin und meine Seele an. Sie waren genauso gerührt wie ich.

Wir vier hatten das Lesen sehr genossen und häufig innegehalten, um über das nachzudenken, was wir in jedem neuen Abschnitt entdeckt hatten.

Ich muss allerdings zugeben, dass ich, obwohl ich Antworten auf alle meine Beschwerden bekommen hatte, noch immer nicht alles verstand.

Ehrlich gesagt war mir das aber auch nicht mehr wichtig, da mir schließlich klar geworden war, dass ich es mit meinem Verstand niemals ganz begreifen würde. Inzwischen akzeptierte ich, dass mein Verstand es mir zwar ermöglichte, das »Warum« und »Wieso« der Welt der Materie irgendwie einzuordnen, jedoch niemals die Fähigkeit haben würde, einen Grund für meine Existenz zu finden. Dieser Verstand geht ja von der Vorstellung aus, dass ich – Matt – von meinem übrigen Wesen abgetrennt bin. Doch obwohl mein Verstand die Vorstellung, dass ich mit meiner Seele und mit meinem Spirit eine Einheit bilde, für völlig verrückt hält, ist sie für mich plausibel, denn als ich mich meiner Seele und meinem Spirit näherte, hatte ich das Gefühl heimzukehren.

Während ich die Darstellung meines Spirits las, war es für mich so, als erlebte ich eine Offenbarung. Mir wurde dabei nämlich klar, dass mein Leben nichts ist, das ich verstehen muss. Es ist etwas, das ich erfahren durfte, um zu lernen, um zu helfen und um mich daran zu freuen. Ich begriff schließlich, wie absurd die Vorstellung ist, mein Leben könne lediglich Bedeutung haben, wenn ich imstande bin, seinen Sinn und Zweck zu entdecken. Diese Denkweise ist so, als würde man meinen, einen Film nur genießen zu können, wenn man versteht, welche Technologie dahinter steckt. Oder wenn man glaubt, ein Videospiel sei nur dann sinnvoll, wenn man dessen Quellcode kennt.

Der Bericht meines Spirits trug nicht nur dazu bei, dass ich damit aufhörte, stets nach den Gründen für alles und jedes zu suchen. Nein, ich stieß dabei auf etwas, das noch viel wichtiger war: den Stolz darauf, ein Mensch zu sein.

Nach der Lektüre schwieg ich ein Weilchen, um die vielen Emotionen, die sie in mir ausgelöst hatte, in den Griff zu bekommen. Dann ging ich zu meinem Engel und meiner Führerin hinüber und umarmte beide.

»Es tut mir leid, dass ich mich zum Richter über euch beide, über meine Seele und auch über meinen Spirit, erhoben habe«, sagte ich.

»Nicht du warst das, Matt, sondern dein Verstand«, entgegnete Kuan Yin. »Und du weißt ja, dass er auf das Richten und Beurteilen programmiert ist.«

Mein Spirit musste gehört haben, dass ich ihn erwähnt hatte, denn gleich darauf tauchte er wieder in Gestalt der Kugel von Rumis Seele auf.

»Spirit Duleis«, sprach ich ihn an. »Ich entschuldige mich dafür, dass ich dir deine, nein, *unsere* Entscheidung zu inkarnieren vorgeworfen habe. Jetzt weiß ich, dass ich für sehr vieles dankbar sein muss.«

»Es freut mich unendlich, dass du das nun schließlich einsiehst«, erwiderte der Spirit Duleis. »Auch ich empfinde enorme Dankbarkeit.«

»Dann hast du uns also vergeben?«, warf die Seele Rumis ein.

»Ja. Vielleicht kann ich es nicht richtig ausdrücken, aber ich empfinde eine tiefe, aufrichtige Liebe für euch alle. Mir ist zwar klar geworden, dass wir diese Inkarnation alle zusammen eingeleitet haben, aber jetzt komme ich mir so vor, als hätte ich mich gegen ein Team von Ärzten gewehrt, das ich selbst ausgewählt habe.«

»Na ja, sieht so aus, als würdest du endlich aus deiner Narkose erwachen«, bemerkte Kuan Yin trocken. Daraufhin mussten wir alle lachen, denn jeder wusste, was sie damit meinte.

»Hast du schon entschieden, was du tun wirst?«, fragte mich Jeremiah.

»Ja. Jetzt, da ich alles und allen verziehen habe – Entschuldigung, falsch formuliert –, jetzt, da ich endlich begriffen habe, dass es niemals etwas zu verzeihen gab …«

»Genau!«, unterbrach mich Kuan Yin.

»… weiß ich«, fuhr ich fort, »dass ich die Möglichkeit habe, zu meiner Seele zurückzukehren, und die Verschmelzung mit meinem Spirit erleben darf. Aber ehrlich gesagt habt ihr mir derart überzeugend versichert, wie gut ich mich auf Gaia gemacht habe, dass ich euch bitten möchte, erneut inkarnieren zu dürfen.«

Das verschlug ihnen die Sprache – erst recht, als sie meine nächste Bitte hörten. »Ich würde gern als Straßensänger auf die

Erde zurückkehren. Und ich hoffe, dass es diesmal nicht nötig sein wird, mich unter Drogen zu setzen.«

Die drei lachten. Sie freuten sich wirklich über meine Entscheidung, denn sie bewies, dass ich tatsächlich nicht mehr böse auf sie war.

Sie sagten, nun würde ich mich nicht mehr wie Matt anhören, sondern wieder wie ich selbst. Und das fasste ich als Kompliment auf, denn ich war stolz darauf, Teil meines kühnen und eigensinnigen Spirits zu sein.

Mir wurde der Wunsch gewährt, als Straßensänger zu inkarnieren, aber ich habe es noch nicht getan. Vielmehr bat ich um Erlaubnis, erst einmal alles, das ich gelernt und erfahren hatte, einem Schriftsteller zu erzählen, der zu meiner Zeit ebenfalls inkarniert war. Außerdem bat ich Jeremiah, mir, sofern möglich, das Buch bei meiner nächsten Inkarnation zu zeigen, um es mir vielleicht ein bisschen leichter auf der Erde zu machen. Allerdings fürchte ich, dass ich, wenn ich das Buch lese, seinen ganzen Inhalt für eine Erfindung des Schriftstellers halten werde. Aber zumindest sollte sich der Versuch wohl lohnen.

Und wenn ihr, meine lieben Leserinnen und Leser, mich (ausgestattet mit einem anderen Namen und einem anderen Gesicht) eines Tages an einer Straßenecke eurer Stadt singen und spielen hört, denkt an meine Geschichte.

Sie wird euch dabei helfen, euch daran zu erinnern, dass die Dinge nicht so sind, wie sie erscheinen, und dass es weder Zufälle noch Irrtümer gibt.

Falls wir es schaffen, uns das ins Gedächtnis zu rufen, werden wir aufhören, übereinander zu richten und diese Wegscheide mit Glanz und Gloria hinter uns lassen, um neue Wege einzuschlagen. Die alten Strukturen sind bereits dabei, zusammenzubrechen. Und auch, wenn uns das kurzfristig Instabilität bescheren wird, gibt dieser Zusammenbruch uns den Freiraum, neue Tragwerke zu errichten.

Und ist das letztlich nicht der Grund dafür, dass ihr euch dafür entschieden habt, zu diesem Zeitpunkt zu inkarnieren?

Gabriel Magma

»Seit meiner Kindheit habe ich versucht, Antworten auf die großen Fragen zu finden, und suchte sie in dem, was wir in Europa als zuverlässige Quellen betrachten: Wissenschaft, Religion und Philosophie. Leider fand ich keine, so dass ich mich damit abfand, ein bequemes und konventionelles Leben inmitten einer absurden Welt zu führen. Ich konnte jedoch nicht aufhören zu suchen, da dies in meiner Natur liegt. Eines Tages las ich dann ein Buch, das mir einige der gesuchten Antworten lieferte, durch die ich eine tiefe Katharsis erlebte, und mir wurde klar, dass es solche Antworten durchaus gab, wenn ich mich von den gängigen Überzeugungen entfernte.

Ich fand Antworten in alternativen Kreisen und Büchern und erkannte, dass das bewährte Wissen aus Wissenschaft, Religion und Philosophie hohl und sinnentleert war, während die Antworten der alternativen Gesellschaft von den Medien und der Mehrheit innerhalb der Gesellschaft verhöhnt wurden. Seitdem bemühe ich mich, diese Antworten für die Menschen weniger unzugänglich zu machen. Ich teile sie auf die einfachste und angenehmste Art und Weise, die ich kenne, in der Hoffnung, dass sie schon bald die verlässlichen und respektablen Antworten sein werden, die wir unseren Kindern und nachfolgenden Generationen anbieten können.«

Gabriel Magma, Doktor der Kommunikationswissenschaften mit einem Abschluss als Meister der schönen Künste, lebt in Madrid, wo er Workshops für persönliches Wachstum veranstaltet. Als Professor für Drehbuchschreiben beherrscht er die Kunst, abstrakte spirituelle Inhalte in einfachen und fesselnden Geschichten zu vermitteln.

www.gabrielmagma.com